HEART
心|視野

HEART

心|視野

HEART

心|視野

HEART

心|視野

用一張紙，設計你的未來

運用最簡單的「未來年表」計畫法，逐年實踐人生目標

中川一朗——著　**林以庭**——譯

一枚の紙で夢はかなう

CHAPTER 1

「寫在紙上」的理由

Contents

CHAPTER 2

「設計未來」的五個步驟

CHAPTER 3

實現夢想的好習慣

CHAPTER 4

抵達理想的堅持

好評推薦

翻開筆記本，寫下每日行程的筆觸感，在如今的生活裡，逐漸被數位工具取代，但紙筆的能量終究歷久不衰，它幫助你設立目標後，有意識思考、釐清價值觀，朝夢想規劃出執行的路，這本書就像夥伴一樣能從旁協助給予支持。

——少女凱倫，個人品牌經營家

本書提供年輕人築夢踏實的好方法，四十年前讓我閱讀本書的話，今天的成就絕對百倍於現在。

——孫易新，浩域企業管理顧問股份有限公司董事長

推薦序

寫下內心渴望，才有機會讓人生更好

——姚詩豪，「大人學」共同創辦人

我在二十多歲做第一份工作的時候，雖然薪資不差，但不是很滿意工作內容與環境，可是若要離職，也不知道該去哪裡，只好默默地待著。

這段忍耐的時間，我常問自己：「如果不喜歡現在的工作，那麼你理想的工作是什麼？」當時心中出現很多混亂的思緒，於是很自然地拿了一張白紙，把這些看似沒頭沒腦的想法，說願景也好，說幻想也罷，總之全部都記下來。我還記得最後的結論：就是我想在一個大都會的漂亮辦公大樓上班，每天穿西裝打領帶，與來自世界各地的專業人士用英語交談。至於工作內容是什麼？老實說並不清楚，但在那個想像中的辦公室裡，我們會大量使用 PowerPoint 進行簡報，還會用 Excel 分析並處理大量的商業數字。

當時的我在建築工地上班，是個每天戴著安全帽，到處巡視工地的工程師，跟腦海裡的想像差很大，但或許是因為有寫下來，所以一直保留這個念頭，隨後的每次轉職，我也都會以「新工作是否離想像更進一步？」做為取捨標準。

七年之後，我在紐約上班，成為一位跨國顧問公司的主管，帶領多位名校畢業且不同國籍的成員，協助紐約市環境保護署建構全新的管理制度。有次會議中，我用簡報向客戶說明我們設計的新制度，同時也用大量數據讓客戶瞭解專案進度。會議很成功，會後我一邊收拾，一邊看著窗外紐約市的摩天大樓，這時我突然驚覺，此情此景，不正是多年前我對理想工作的想像嗎？竟然就這樣默默成真了！

年輕的我，並沒有像作者書中所說，條列出年度計畫，甚至思考執行方向。我光是把最終的景象透過紙筆記錄下來，在轉換工作時稍微回想一下，就已經成真了。若是當年的我能更認真地把這個「心像」系統化地展開，很可能會更快更精準地達成目標吧！

這些年我多了講師這個身分，因此常與上班族的學生接觸，我發現許多人失去做夢的能力。他們抱怨現實不符合期待，但當我反問他們的期待是什麼，卻往往說不清楚，頂多說些「不想要加班」、「不想做這行」這類以「不」為開頭的逃避。基於我切身的經驗，我都會鼓勵他們，你得先知道自己真心想要什麼，盡可能勾勒出畫面，甚至白紙黑字記錄下來，你才有機會讓人生更好！

我很高興這本書的出現，下次遇到相同的問題，我可以直接推薦本書給我的學生們，讓他們知道，原來我說的方法不光是激勵，而是夢想成真的途徑。

前言

人人都可以朝夢想邁出具體步伐

各位有「夢想」嗎？

成為有錢人住進豪宅，出人頭地、成就大事，遇見理想的另一半、與他共組幸福的家庭，當上政治家改變社會，環遊世界增廣見聞……每個人都擁有各式各樣的夢想。

或許有些人曾經懷抱夢想，卻認為夢想無法在現實中實現，進而放棄。

夢想是可以實現的。

而且，不需要特殊的才能、不需要巧合，是能靠自己的力量有計畫地實現的。

我目前在外商ＩＴ企業擔任執行董事，是業務部門的負責人。成為外商大企業的董事是我年輕時的夢想。

我的職涯經歷也包含了ＩＢＭ、惠普（Hewlett-Packard）、思科系統（Cisco Systems），這些在ＩＴ產業界具有代表性的跨國公司。我的夢想是應屆畢業進入ＩＢＭ，並在四十五歲當上外商企業的董事。雖然比計畫晚了兩年，但我在四十七歲時，順利地當上了董事。

像我這麼平凡的人能夠實現夢想是有原因的。

那是因為**「我將夢想寫在了一張紙上」**。

或許大家會覺得夢想不可能靠這麼簡單的行為就實現，但其實「寫在紙上」這個行為，足以讓許多事情開始改變。

你的思考模式、不經意的行為、習慣會跟著改變，最後讓你的人生產生巨大的變化。

我認為實現夢想不可或缺的條件既不是罕見的才能，也不是艱辛的努力，更不是單純地只靠命運或幸運，**而是能不能有意識地、具體地將自己對於夢想的想法勾勒出來**。

而「寫在紙上」的行為能夠最大限度地描繪出你的想法，再以自己的行為有計畫地實現夢想，是個非常有效又實際的方法。

根據美國史丹佛大學的調查結果顯示，平時習慣將目標寫下來的人和沒有這種習慣的人平均收入相差九倍。

即便再平凡的人，只要維持「寫在紙上」這個習慣，不僅能達成工作目標，更能實現人生夢想。

這本書沒有人生勝利組向讀者大談成功哲學，也沒有知名顧問教大家出人頭地的妙招。此外，這也不是教大家如何活用手帳或管理時間的工具書。

這本書是寫給懷抱夢想卻遲遲無法踏出第一步的人，或是擁有很棒的夢想卻認為與其夢想遠大、不如平凡度日的人，尤其是年輕的朋友們。我作為一名現職經營者，想透過這三十年來親身實踐的經驗和從中習得的教訓，告訴所有人：**人人都可以朝著自己的夢想具體地邁出步伐**。

生而為人，出生環境、才能和運氣絕對不是平等的。

不過，機會卻是人人平等的。或許有人不管再怎麼努力都沒有回報，但我認為那是因為努力的方式和方向不合理。

世上的成功經營者也並非所有人一開始就贏在起跑點上，雖然當中有一些人被譽為天才，但絕大多數的經營者或領導者都是不畏逆境、持續努力才成就了現在的地位。

我並不瞭解各個業界的頂尖人士具體是如何成功的。

但我透過自己的親身經驗，**非常篤定「寫在紙上」的行為可以讓平凡人邁向成功，度過幸福而充實的人生，這是個極其單純又確實的方法。**

希望這本書能夠幫助更多人實現自己的夢想。

作者 中川一朗

- [x] 二十二歲立下的夢想
- [x] 為什麼我會開始將目標寫在紙上呢？
- [x] 懷抱夢想是怎麼一回事？
- [x] 「寫在紙上」就能實現夢想的五個理由

CHAPTER 1

「寫在紙上」的理由

二十二歲
立下的夢想

三十三年前，我剛從大學畢業，步入職場，成為當時ＩＴ產業龍頭外商公司之一ＩＢＭ的新進員工。

同期的新人大約有一千人。

當時，我設立一個遠大的目標。

那就是我要在四十五歲當上董事。

當時我也還不瞭解公司的結構，雖然有點像是粗略的職涯規劃，但我寫下了二十二歲到四十五歲，這二十三年間的「未來年表」。

在那之後，我在不改變「四十五歲當上董事」的最終目標的前提下，每年都會重新寫一份職涯規劃，並將這張紙當作護身符一樣隨身攜帶。雖然沒有什麼根據，但我在年輕時，一邊工作，一邊堅信著自己一定會當上董事。

就結果來說，其實我是很幸運地獲得周遭的人的協助以及家人的支持。雖然比原訂計畫晚了兩年，但我在四十七歲時順利成為一名董事。

雖然每年會重新寫一份，但剛進公司時寫的年表並沒有保存下來，第十九頁刊載的是我在二十多年前（一九九七年）寫下的年表。

一九九七年的我才三十四歲，工作都很順遂，剛好也到達了四十五歲以前計畫的一半。我在前一年按照計畫當上主管（科長職），擁有自己管轄的下屬，正是樂於投注工作熱忱的時期。

我在「PLAN」（計畫）的右邊寫了「ACT」（Actual，實際），也就是實際上的進度。可以看到，我在一九九七年以後寫上去的ACT，事情並沒有照著原訂計畫發展，當上部門經理和外派到紐約的順序顛倒了，也導致我成為理事的時間大幅延遲。

然而，我卻感覺得到自己正穩紮穩打地接近成為董事的夢想，所以每天都很努力工作，相信夢想一定會實現。

「寫在紙上」讓我產生動力，覺得自己做得到，所以我會去努力。

奇妙的是，或許是吸引力法則，總是會有意想不到的機會來臨。我認為，如果追求等級十的事，十的機會就會來臨；追求等級一百的事，一百的機會就會出現在眼前。

有時候感應到機會來臨的那一刻，我會有「哦，就是這個」的感覺。你是要猶豫不決而錯過機會，還是要毫不遲疑地抓住機會，兩者之間的差別只在於事前的準備和些許的勇氣。

▼ 我在一九九七年寫下的四十五歲以前的計畫

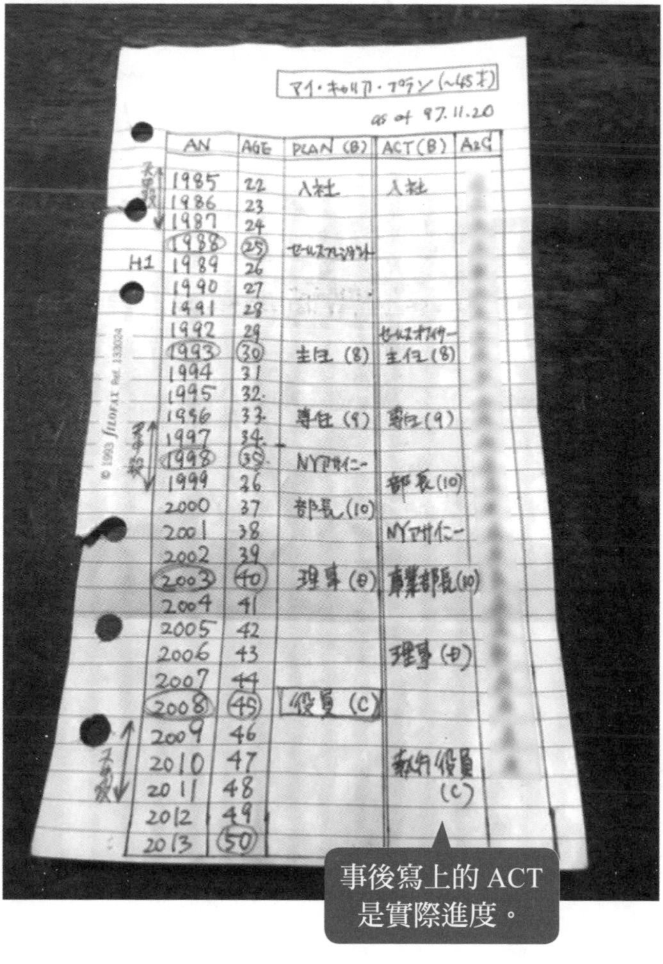
アイ・キャリア・プラン (~45才)
as of 97.11.20

AN	AGE	PLAN (B)	ACT (B)
1985	22	入社	入社
1986	23		
1987	24		
1988	25	セールスアシスタント	
1989	26		
1990	27		
1991	28		
1992	29		セールスオフィサー
1993	30	主任 (8)	主任 (8)
1994	31		
1995	32.		
1996	33.	専任 (9)	専任 (9)
1997	34.		
1998	35	NYアサイニー	
1999	36		部長 (10)
2000	37	部長 (10)	
2001	38		NYアサイニー
2002	39		
2003	40	理事 (H)	事業部長 (10)
2004	41		
2005	42		
2006	43		理事 (H)
2007	44		
2008	45	役員 (C)	
2009	46		
2010	47		執行役員 (C)
2011	48		
2012	49		
2013	50		

為什麼我會開始將目標寫在紙上呢？

我想聊聊為什麼我會養成把事情「寫在紙上」的習慣。

我小時候是個讓人束手無策的壞孩子，聽說我母親只要聽到其他小孩的哭聲，就會先跑去向人家道歉。此外，我也會在才藝發表會上用模仿來逗大家笑，是個表演欲旺盛又活潑的小孩。

另一方面，我自幼便罹患氣喘，身體虛弱。雖然我的父親是一名教師，但我在學習方面不算好也不算壞，作為老師的兒子，我或許是令人失望的。現在回想起來，我的成長過程總是帶著自卑感。

國中時在父親的建議下，我為了報考當時被視為高門檻的東京都立高中，在千葉的住家和東京都內的國中之間往返通學，也就是所謂的跨境求學。如果考不上理想的高中，大老遠通學就沒有意義了，所以三年後我必須在校內排行前幾名才行。記得這就是我人生第一次感受到所謂的壓力。

有一天，母親突然給了我一張紙，要我在上面寫下「昭和五十二年四月考上○○高中」。我照著她說的寫完以後，她把紙貼在我的書桌前，然後離開了房間。

當時我並沒有什麼太大的情緒起伏，但看著那張紙一會兒後，好像就能想像出自己努力學習的樣子，以及考上學校滿心喜悅的樣子。

在那之後，不管我願不願意，每天都會看到那張紙。久而久之，本來我只抱持著「如果能成真就好了」的心態，逐漸轉變成「希望能成真」、「必須成真」的使命感，最後則是充滿「我一定會考上」的信心。

這就像是自我催眠一樣，形成了一種主動認真學習的心態。

最後我也考上了理想的學校，這份幸運成為一個小小的成功經驗，**讓我覺得自己「想做就做得到」**。從此之後，只要我有什麼目標，就會習慣寫在紙上。

碰到馬拉松大賽，我會寫下「獲得獎項」並默默練習。期末考的時候，我會寫下「考進前三名」，然後每天像複誦一樣在紙上重描一次這個目標。參加大學考試的時候，我就把夢想中的知名大學寫在紙上並隨身攜帶。

我從日常生活的目標到人生的夢想都因為這個習慣而一一實現。

進入夢想中的大學以後，我對成功哲學產生了興趣。為什麼只是把願望寫下來而已，目標就實現了呢？

起初，我以為這只是精神世界的概念。但當我繼續深入閱讀相關書籍，如：戴爾．卡內基（Dale Carnegie）的《人性的弱點》（How to Win Friends & Influence People）、約瑟夫．墨菲（Joseph Murphy）的《潛意識的力量》（The Power of Your Subconscious Mind）、中村天風的《予你成功》（君に成功を贈る）、史蒂芬．柯維（Stephen R. Covey）的《與成功有約》（*The 7 Habits of Highly Effective People*）等等，我認為其中應該有更科學的依據，且從我的實際經驗來看也是如此。

當我讀到拿破崙．希爾（Napoleon Hill）的《思考致富》（*Think and Grow Rich*）時，我發覺就是這麼一回事。

人類總是無意識地處理潛意識中的大量資訊，但我們的心態和問題意識，也就是強烈的欲望和想法，只有這些因素會導致我們積極關注的資訊出現在顯意識中，刺激大腦，並化為實際行動。

而根據我的親身經驗，「寫在紙上」的行為確實可以讓想法具現化，再轉化成實際行動，所以我才能肯定這個理論確實存在並深入瞭解。

懷抱夢想
是怎麼一回事？

我們再重新瞭解一下懷抱夢想是怎麼一回事吧。

你可以去問看看各式各樣的人：「你的夢想是什麼？」你會發現當下能夠清楚回答的人出乎意料地少，一半以上的人臉上都寫著「你說什麼？」

雖然也有一些個例是不好意思告訴別人，但實際上很多人都是「沒什麼特別的夢想」。

也許年輕人還能勾勒出一些模糊的夢想，但年長的人或許因為日常生活忙得不可開交而早就失去了夢想。我們難得出生在這個世上，這兩種情況都會令人感到可惜。

我有在做鐵人三項的訓練，練習的時候如果沒有設定終點，只是一直跑、一直跑的話，那會是一件很煎熬的事，因為你沒有辦法制定計畫和分配體力。老實說，要在沒有目標的情況下持續游泳或跑步是不可能的事。沒有夢想或目標的人生就像是沒有終點的馬拉松或鐵人三項比賽一樣。

想讓自己的人生更加充實，讓每一天都積極向前又雀躍的話，最有效的方式就是正視自己的希望和理想，面對夢想並勇於挑戰。

當然，夢想和目標不會一夜實現。但一天一天的累積最終會造就夢想成真。人們常說「運氣也是實力的一部分」，但我認為是每天的累積和準備會帶來好運。

假設我們的人生有八十年，換算成天數大約是三萬天。你不覺得其實出乎意料地少嗎？

這樣一想，僅僅一次的人生，一天都不應該浪費。

希望大家可以和我一起嘗試，瞭解自己有多少潛力。

「寫在紙上」就能實現夢想的五個理由

能夠實現夢想和不能實現夢想的人之間有什麼差別呢？除了那些被稱為天才的人以外，人們碰上機會的次數並沒有太大的差異。

因此，我會根據我的經驗來介紹，「寫在紙上」這麼簡單的事情有助於實現夢想的五個原因。

我相信各位讀者能理解把夢想「寫在紙上」是如何影響後續的行為和結果，而且會大幅提升實現夢想的可能性。

像我這樣的平凡人都能做到的話，各位肯定也做得到。

❶ 整理思緒

想要實現夢想，重要的不是與他人的對話，而是與「自己」的對話。

當我試著將自己的想法轉化成文字時，我才發現自己平時思考的內容是很模糊不清的。

當你把想法寫在紙上，以文字呈現的瞬間，你便能夠以肉眼觀察及閱讀。然後，你自然而然可以用客觀的角度去評估和斟酌。換句話說，「書寫即思考」。

此外，寫作也能作為一種紀錄，可以記住你在不同年齡階段的思考模式。情感和思想都是會隨著時間產生變化的。有時候你會回想起自己的初衷，這也是因為你平時有寫下自己的想法。

「寫在紙上」的行為具有整理自己真正的思考或想法，並且正確理解自己的效果。

此外，當你在日常生活中為某件事躊躇不前時，「寫下來」可以幫助你做出正確的決定。

比方說，當你想換新車，在兩種車款之間猶豫不決的時候，你可以把評估項目一一寫下來：款式、價格、品牌、油耗、安全性、功能、顏色、業務員、公司等等。寫完之後，以滿分十分為標準一一評分，再統計出總分。然後，你就可以透過數字這個非常客觀的標準來瞭解自己的評價。

此外，我經常對那些懊惱的人說：「有什麼煩惱就做因式分解吧。」人們如果無法掌握自己擔憂的原因，只會越來越焦慮。你可以試著在紙上一一具體寫下自己煩惱的事情，也就是進行**煩惱的因式分解**。接著你會發現「什麼嘛，只有三個而已喔」，自己煩惱的事情出乎意料地少，或者煩惱的其實都是一些小事。再來，只要一一寫下解決方案並實際執行就可以了，然後你會發現模糊不清的擔憂自然而然地消失了。想要整理自己模糊的思緒並客觀地推導出明確的指標，「寫在紙上」是最有效的方式。

❷ 瞭解真正的自己

每個人都有多面性，在職場上是管理者，在家裡是丈夫或父親，在父母面前是個孩子，人們每天都在不同場合扮演著不一樣的角色。當我們試圖做好一個上司、丈夫或父親的時候，我們必須根據情況，分別扮演不同的角色。幾乎沒有什麼機會可以跳脫這些職務，回歸個人立場來思考真正的自己是什麼模樣。

我有時候會直接問上司或下屬對我的評價。

這是因為如果有人能夠坦率地說出自己的優缺點，對於自己的成長來說是很有助益的。當時我常常覺得我對於自己是個什麼樣的人，存在著很大的錯誤認知。

其實我並沒有很瞭解自己。我以為自己很溫和，但有人卻覺得我很嚴厲。我以為自己是個決策迅速的人，卻也有人指出我在關鍵時刻會猶豫不決。我從他人收到了不少回饋意見。

同樣地，**「寫在紙上」的行為不是詢問他人，而是一種自問自答**，這有助於我們更客觀地理解自己的真實想法。

我認為，「書寫」是一種質問自己內心真實想法時，最簡單而有效的方法。

重新檢視自己一次，你可能會發現過去自己認為的夢想或目標，只是過度在意他人目光的憧憬、或家人的希望、或自己其實並不想要的事情。

如果你沒有發自內心認同這份期望的話，即便寫在紙上也不會有太大的效果。

在實踐夢想時，像這樣把想法寫在紙上，是瞭解真實自我時不可或缺的過程。

❸ 將夢想「具體化」

夢想總是僅止於夢想，其中一個原因是人們會讓夢想停留在模稜兩可的階段。如果無法具體回答出自己的夢想是什麼，在目標不清不楚的情況下，也就沒辦法實現了。

為了將夢想化為現實，我們需要具體描述出夢想的內容。以下舉幾個簡單的例子：不要只是說「我想變成有錢人」，改說「我要在十年後存到一億日元」。不要只是說「我想維持健康」，改說「我要活到一百歲」等等，要設定一個明確的達成目標或終點。

當你試著把夢想轉換成文字寫在紙上時，你就會發現自己的夢想有多麼含糊不清。如果要用具體的數字來表達，你會猶豫不決，甚至想像不出來。

假設你有一個「想要變成有錢人」的夢想。首先，你要怎麼定義有錢人呢？是擁有高收入嗎？還是中頭彩一夜致富呢？根據你的定義不同，有錢人的形象會相差甚遠。

即便只是一句「我想變成有錢人」，每個人的認知都不盡相同，意外的是很多人都無法具體描述出來。這就像是沒有地圖的航行一樣，根本不知道該朝什麼方向前進。反之，具體描繪出夢想的人能夠明確舉出時間、地點、內容、方法及原因。

運動有所謂的意象訓練，這是一種將「理想狀態的想像」深刻烙印在腦海中，進而實現的訓練方法。除非你能具體想像出從腳尖到指尖的感覺，或是那一瞬間的暢快感，否則是沒有效果的。同樣地，運用文字讓自己實現夢想時的景色、情緒、感覺，彷彿歷歷在目般具體表現出來，這對於實現夢想有很大的幫助。

盡可能地以文字具體表達自己的夢想，這對於後續的行為和思考會產生不可計量的影響。

❹ 烙印在潛意識中

設定目標即是對自我實現的承諾（commitment），但實踐承諾需要每天扎扎實實的努力，還有堅持不懈的堅定意志。

然而，並不是每個人都擁有鋼鐵般堅強的意志。反過來說，單憑意志是很難實現夢想的。透過將夢想寫出來的行為，能夠開發自己的潛能，打造一個不靠努力或意志，而是無意識地朝著目標採取行動的情況。

若要將某件事烙印在潛意識中，需要反覆回憶生動清晰的畫面。另外，根據我個人的經驗，**比起在腦海中思考，當我看著自己寫下的文字並想像畫面時，場景會變得很具體，更有助於我將這些內容烙印在潛意識中。**每天回顧紙上的內容會讓你覺得夢想似乎成了現實，就像是對自己進行一種自我催眠。

由於工作的性質，我需要在眾多客戶面前進行演講或簡報。內容本身和練習的重要性自然不在話下，但我會在前幾天開始想像自己充滿自信，站上講台侃侃而談的模樣。反覆這麼做以後，焦慮的心情會轉變成信心，讓我相信自己一定能成功。

一旦充滿自信，整個人都會很平靜，正式演講時也能流暢地說話。這也是一種運用了潛意識運作的意象訓練。

潛意識的潛能是我們內在蘊藏的無限能力。平時我們幾乎都不會發揮出人類原有的能力，事實上，**也是我們給自己定下了界限**。反過來說，潛意識可以給予我們無限的可能性和力量。

❺ 改變行為

每個結果肯定都有它的原因。

當你在路上決定向右轉或向左轉，結果就會產生變化。現在打電話或明天再打電話，結果或許也會有變化。同樣道理，無論你寫了多少關於夢想的計畫，**如果你不從行為開始改變，那就不會有任何變化**。

透過寫在紙上的行為，可以提高你對夢想或目標的意識，對於和目標有關的資訊會變得相當敏銳，結果你的行為也開始改變。此外，前面提到烙印在潛意識中，**就是在無意識中進行這個行為**。

或許你有聽說過一種說法，如果你學習崇拜的對象，和他做出同樣的言行舉止，最後這個言行舉止就會變成你的習慣，所以模仿就對了。此外，如果你想追求高生活水準，就算有些勉強，你也要試著去擁有並使用昂貴的物品，例如：高級的轎車、手錶、衣服和生活用品。聽說只要這麼做，你的生活就會逐漸提升到相符的水準。這點我也相當認同，徹底投入角色也是無意識地改變個人行為的因素之一。

潛意識的行為和有意識的強制行為不同，潛意識產生的行為是自然而然地進行，還可以讓人感受到暢快的喜悅。

而且，這個行為最後會變成自己的習慣、人格和個性。實現夢想當然不是一蹴可幾的事，透過潛意識在無意識中改變你平時的行為，不斷重複這些行為就能一天一天穩健切實地接近你的夢想。

- ☑ 開始前的準備
- ☑ 步驟一 準備夢想
- ☑ 步驟二 瞭解自己
- ☑ 步驟三 描繪夢想
- ☑ 步驟四 提升動力
- ☑ 步驟五 再次確認

CHAPTER 2

「設計未來」的五個步驟

開始前的準備

接下來我要介紹一些「寫在紙上」的基本步驟。

我希望透過這五個步驟讓大家瞭解實現夢想或目標、自己設計未來的具體方法。

如同前一章所說，「寫在紙上」這個行為是最為重要的，不過在下面介紹的步驟中，我會建議大家寫在「手帳」上。

就像本書開頭說的一樣，我是從寫在一張紙上開始的，但當我們要重複一個習慣時，我們需要持續使用這張寫著長期夢想或目標的紙，我覺得如果寫在可以隨身攜帶的「手帳」上，會來得更有效，所以我在中途也開始使用了手帳。

不過我要強調，重要的仍是「寫」這個行

為，請大家不要忘記使用手帳只是一種幫助自己的方法罷了。

如果你不喜歡帶著手帳的話，可以用任何一張紙，甚至是筆記本或日記後面幾頁的空白紙也無所謂。

寫在紙上的方法包含以下五個步驟：

步驟一：準備夢想

◆準備紙張或挑選自己喜歡的手帳

◆活用手帳和行動裝置

步驟二：瞭解自己

◆釐清價值觀（行為準則）

◆製作人生必做清單

步驟三：描繪夢想

- ◆製作夢想清單
- ◆製作未來年表（十年計畫）
- ◆描繪一年後的自己（年度計畫）

步驟四：提升動力

- ◆決定每日例行事項
- ◆建立個人紀錄頁
- ◆填寫行程表

步驟五：再次確認

- ◆每天回顧
- ◆適時修正

你可能會質疑這五個步驟是否真的能夠讓你夢想成真，但透過重複這個行為，其實可以創造出超乎想像的效果。

那麼，我就來逐一解釋這五個步驟的具體內容吧。

▼ 實現夢想的五個步驟

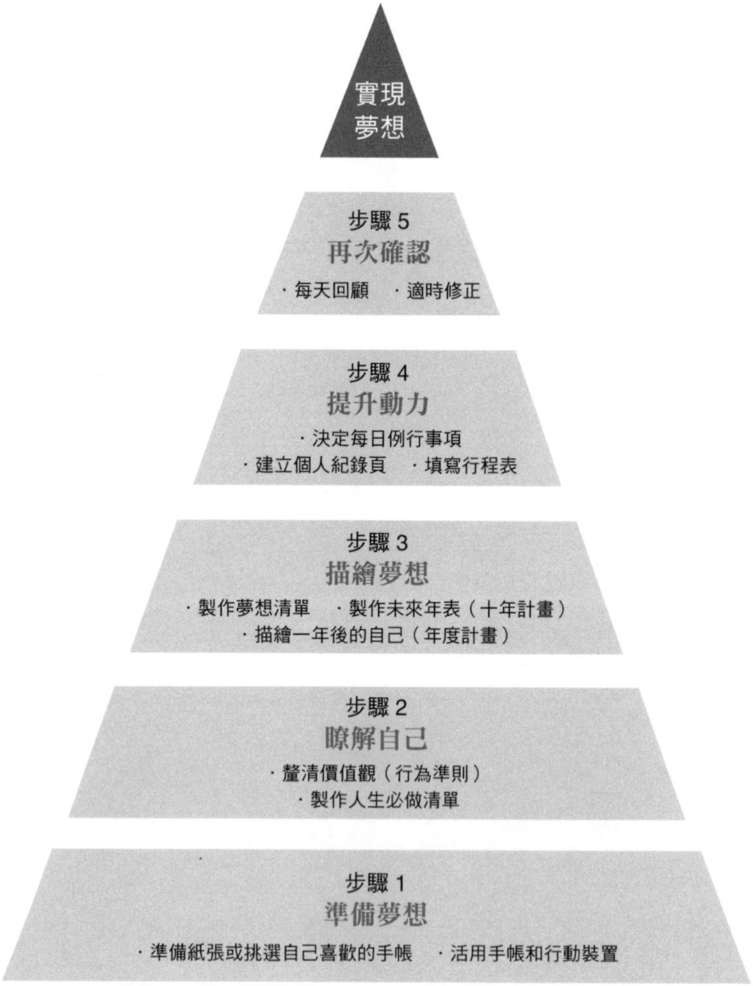
實現
夢想
步驟 5
再次確認
・每天回顧　・適時修正
步驟 4
提升動力
・決定每日例行事項
・建立個人紀錄頁　・填寫行程表
步驟 3
描繪夢想
・製作夢想清單　・製作未來年表（十年計畫）
・描繪一年後的自己（年度計畫）
步驟 2
瞭解自己
・釐清價值觀（行為準則）
・製作人生必做清單
步驟 1
準備夢想
・準備紙張或挑選自己喜歡的手帳　・活用手帳和行動裝置

步驟一
準備夢想

挑選自己喜歡的手帳

首先是挑選手帳。但因為本書的書名是「用一張紙」，有的人可能會想說：「那怎麼不是一張紙？」

正如我前面所說的，**重要的是書寫這個行為，手帳並不是絕對必要的**，而我只是推薦一個可以讓你隨身攜帶夢想的工具而已。

本書的目的並不是讓大家滿足短暫的願望，而是**穩健地實現中期和長期的夢想**。因此，可以保存下來、隨身攜帶、持續回顧是很重要的。

根據我的經驗，我會建議大家一開始使用聖經尺寸（寬約九・五公分、長約十七公分）

的手帳。

畢竟是要隨身攜帶且經常使用的東西，可以的話，希望大家不要用那種廠商或客戶在年底贈送的手帳，而是去挑選一款符合自己品味的手帳。

手帳的使用方式因人而異，根據自己的喜好挑選就可以了，但請選一款**會讓你想要隨身攜帶，每天回顧，並且符合自己喜好的手帳**。

一邊思考能夠實現自己夢想的重要工具，一邊尋找的過程是非常有趣的。

我以前習慣使用 Filofax 的萬用手冊。萬用手冊可以事後再添加內頁，修改起來也很方便，但因為現在有智慧型手機了，我們不需要帶著厚厚的手帳走在路上，只要把必要的資訊儲存在智慧型手機或其他行動裝置裡就好，所以我們可以把手帳視為一個專門用來實現夢想的工具。

目前我使用的是 MOLESKINE 黑色筆記本，裡面有很多空白頁，讓我可以自由書寫每個月的日記。

MOLESKINE 的手帳有很多種款式，我使用的不是純白的手帳，而是有行事曆的手帳。

很多人應該和我一樣，習慣用電腦的行事曆軟體來管理工作行程等等日常活動的詳細時程。這在之後的步驟四「提升動力」一章當中也會介紹，事先在行事曆規劃實現夢想的行動是很重要的。因此，手帳最好可以用一個月為單位瀏覽重要的預定行程。

我自己是會在月計畫的行事曆寫下跟夢想或目標沒有什麼關聯的重要活動，但如果你想只填寫與實現夢想或目標有關的預定行程也可以。

在設定目標時，時間軸是不可或缺的元素。如果有行事曆就可以天天查看了，所以我建議大家可以寫下簡單的行程。

你可以追求設計感，直到找到一個讓你感到滿意，覺得拿出來很帥氣或很可愛，會讓你會想隨身攜帶的手帳。

我也嘗試過不同的款式，但我個人最喜歡 MOLESKINE 手帳的簡約風格，所以每年都是用這一款。其實不需要一年換一種手帳，如果多年下來都使用同一款手帳，事後回顧時還可以感受到一致性和歷史性，很是有趣。

活用手帳和行動裝置

最近隨身攜帶手帳的人應該變少了，智慧型手機的普及是原因之一。行動裝置不光是建立行程表，也可以不受限制地儲存朋友的電話號碼和地址，還能搜尋任何資訊。

然而，我認為紙筆手寫比電子設備更適合用來記下靈感和想法，尤其是需要一邊思考一邊寫出來的內容。當然，使用方式因人而異，我個人依情況分別使用這兩種工具，原則如下：

◆行動裝置——有效管理日常生活，隨時追蹤新資訊和儲存舊資訊。

◆手帳——為了達成夢想或目的，沉思、琢磨自己的想法，記錄實現夢想的行動。

▼ 我實際使用的 MOLESKINE 手帳

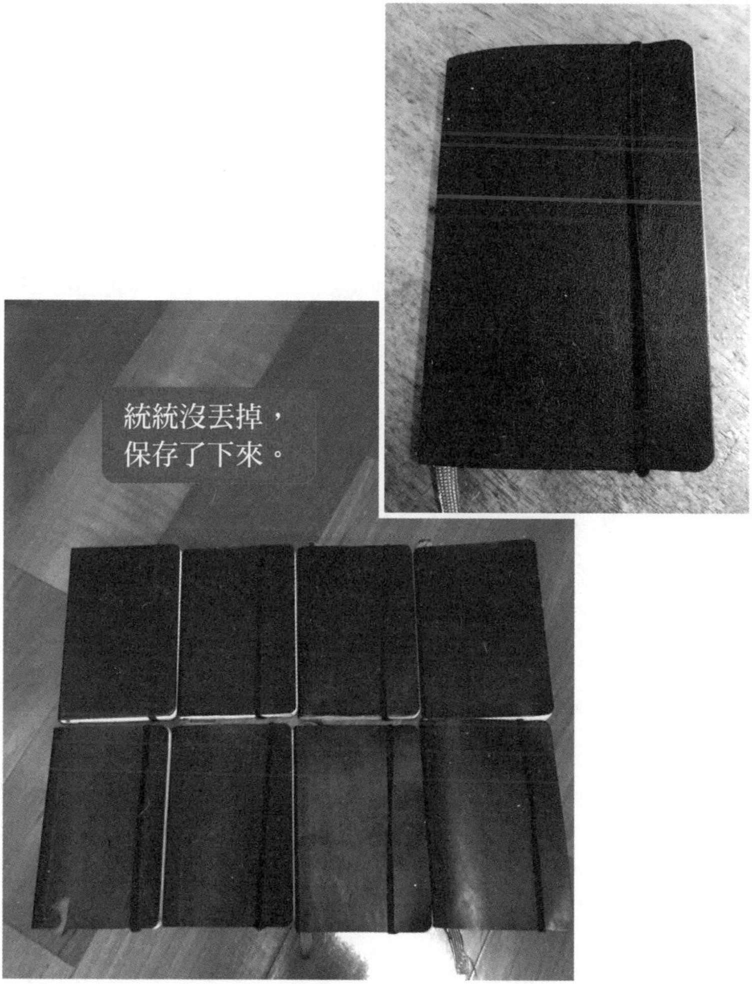

行動裝置可以處理的資訊量很龐大，因此人們往往不會去消化內容，只想著以後或許派得上用場，所以暫時存留在手邊，但通常在那之後都不會再拿出來檢視。

此外，行動裝置的主要目的是在任何時刻都可以獲取最新資訊，和一年過後就可能磨損的手帳不一樣，智慧型手機總是會更新資訊，所以很難感受到事情的經過和自己思維的轉變。

另一方面，手帳是獨自盯著白紙，思索自己的目標和夢想，寫了又擦、擦了又寫，**自己親手動筆寫才是最適合整理思緒的方法**。雖然智慧型手機上也有類似的應用程式，但我認為親手寫字是很重要的。

電子設備和智慧型手機的功能都非常方便，但手帳是由自己打造的，只屬於自己的歷史。

請大家務必準備紙張或手帳來作為實現夢想的工具。

步驟二
瞭解自己

釐清價值觀（行為準則）

在制定夢想計畫之前，我希望大家先做一件事。

首先，是「瞭解自己」。希望大家問問自己，我是一個什麼樣的人？我想要成為什麼樣的人？

對於那些已經抱有夢想卻遲遲無法付諸行動的人，對自己想做的事沒有明確方向的人，或是現在才要開始思考遠大夢想的人，這是非常重要的一個步驟。

釐清自己在什麼情況下會感到幸福後，我們才能更具體地描繪出夢想。

首先，**請你思考一下自己的價值觀**。在確立具體的夢想或目標之前，必須先徹底想清楚。

在你的人生中，**你所重視的東西（物質、事情、觀點、感情等等）是什麼？也就是在你人生中不願退讓的優先順序（或稱作行為準則）是什麼？**說得誇張一點，就是你活著的意義。

價值觀本來就因人而異，很多人甚至根本不曾仔細思考過。你也可以嘗試看看，說不定會覺得滿困難的。

我想讓大家感受到的是，和說話相比，「寫在紙上」的行為不容許模糊不清，而是追求更加明確的內容。價值觀在不清不楚的情況下是表達不出來的，這也是我們要寫在紙上的另一個重要原因。

一旦寫下來後，這些價值觀每年都不會發生太大變化，但在發生人生的重大事件時，例如結婚或生小孩，都需要拿出來重新檢視。

在制定夢想計畫之前，最重要的是你要認真問自己，真正想做的事是什麼？自己要怎麼做才會感到幸福？

如果搞錯這一點，你費盡苦心的努力會朝著相反方向發展。或是好不容易實現了夢想，你卻完全不覺得幸福，最後以不幸收尾。

花點時間思考，多看幾次，仔細檢查有沒有不合理的地方，是不是符合自己真正的想法。

首先，大家可以參考下面的範例，**開始思考並寫下八至十個自己在人生中特別重視的詞**。

價值觀範例

健康、喜悅、家庭、外貌、誠信、穩定、安全、傳統、耐心、想像、挑戰、成長、成就、知識、智慧、勇氣、和平、和諧、創作、友情、愛情、權力、財產、責任、感謝、謙虛、繁榮、感動、孩子、幽默、團隊合作、體貼、審美觀、忠誠、均衡、冒險精神、勤勞、服務、成功、貢獻、不妥協的決心……

接下來，寫下你選擇的詞，試著清楚地表達你重視它的原因。

例如，同樣是選擇「感動」這個詞，可以分成「透過工作將感動帶給這個世界」和「透過學習世界文化來體會感動」，依照你的價值觀所選擇的「感動」也會代表著不同的意義。

根據情況不同，你可以補充一些說明。

你也可以將兩個相關的詞組合起來表達自己的價值觀。

最後，希望大家可以按照優先順序來排列這些詞。

在判斷事情時，比起低順位的價值觀，我們更傾向於遵從高順位的價值觀。每個項目會互相影響，有時候也會發生價值觀衝突。

但在一些情況下，低順位的價值觀會優先於高順位的價值觀。事先冷靜地思考自己日常生活中所感受到的優先順序，對於未來在採取行動或做出決斷時是非常有幫助的。請大家誠實地面對自己的心情，不要想著要當個聖人。

我列出自己目前的價值觀供大家參考，但畢竟我的人生已經過了半輩子，所以會有很多元素摻雜在一起。

1. 「家人」的幸福第一
2. 對所有人抱持著「感謝」的心情
3. 不斷「挑戰」自我並持續「成長」
4. 培養「健全」的身體和精神
5. 始終帶著自尊心並以「誠信」行事
6. 藉由工作將「感動」帶給人們
7. 在財務面獲得成功並累積「財富」
8. 以「貢獻的精神」來活絡社會

雖然我先前說過，價值觀一旦寫出來就不會有太大的變化，但以長遠的角度來看，多多少少還是會有所改變的。

比方說，即使年輕的時候以工作為優先，但在孩子出生以後，家人的優先順序也會跟著提升，對於金錢的需求也會增加。隨著年齡的增長，有些人會以社會服務的觀點來思考如何對人們做出貢獻。因此，價值觀這一頁長期下來還是需要重新檢視的。

請大家不要太注重均衡而隱藏了真實的自己。

在這個步驟，我想讓大家釐清自己要基於哪些價值觀制定目標並採取行動，才能感受到內心的平靜和人生的充實感。

比方說，對於把「誠信行事」這個價值觀擺在較高順位的人來說，無論他賺取了多少錢、獲得多麼理想的收入，一旦自己的行事作風偏離誠信，他也不會覺得幸福，這是因為他沒有遵循自己的價值觀行事。

如果他的價值觀裡沒有「誠信行事」這一條的話，或許只要能夠賺大錢，他就會感到滿足。

大家可以回顧一下至今為止的人生，誠實地寫下自己認為生活中哪些事物是具有價值的。

然後你就可以徹底釐清自己的真面目和本質，也就能為真正的夢想制定計畫和目標。

▼「價值觀」的實際照片

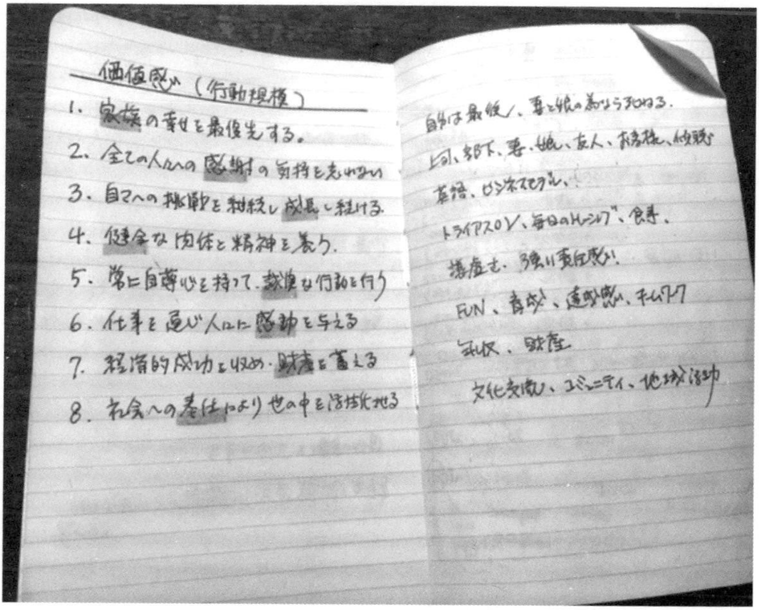

※照片文字：見第五十九頁。

製作人生必做清單

接下來，在思考人生的重大夢想和目標之前，我們先不要想太多，放鬆下來，**寫一份「人生必做清單」吧**。

可以是「攻頂富士山」這種切身體驗的事，也可以是「搭豪華郵輪環遊世界」這種愉快的夢想，就算是「自己成立公司」這種工作相關的事情也無所謂。

大家可以盡情地寫在紙上，不用太拘泥於條件和可行性。就算我們平時老覺得有好多事想做，但真的要一一寫出來時，會發現其實連十個都舉不出來，這就是我們平時總是埋頭苦幹才會想不出具體內容的證據。光是寫下來，整個人的心態都會有所改變。

如果你想攻頂富士山，也許明天就可以付諸行動。如果你列出自己創立公司的夢想，或許你隔天就有開始著手準備的動力。如果是環遊世界一周的旅行，寫出來的行為就會成為一個契機，讓你開始產生具體的行動，例如規劃資金籌備或是安排旅遊行程。

光是寫下來，人類的心態就會產生極大的變化。這個清單就像是為了實現夢想所進行的程序預演，所以不需要設定太嚴謹的期限。列舉幾個都沒有關係，你可以一邊喝著咖啡，在放鬆的狀態下想到什麼就寫什麼。只要在網路上搜尋「人生必做的一百件事清單」，就可以參考其他人的清單內容，光用看的也很有趣。以下舉幾個例子，大家可以作為參考。

◆**旅行**	環遊世界一周、住在無人島上、去看看世界遺產。
◆**生活型態**	住在歐洲、養狗、出國留學。
◆**活動**	攻頂富士山、學衝浪、嘗試跳傘、學鋼琴、出攝影集。
◆**健康**	馬拉松完賽、禁食、戒菸、買一輛公路車。
◆**交友**	見名人、見初戀。
◆**家人**	孝順父母、抱曾孫。

製作人生必做清單其實還有另一個目的，因為之後制定的夢想計畫通常都會以工作為中心，內容較為嚴肅，畢竟是人生中最重要的夢想，認真對待也是理所當然的。但在思考如何拓展人生的寬度上，玩樂或嗜好這些單純令人愉快的事情也是很重要的。

此外，這個清單也會是步驟三「描繪夢想」時的候補清單。你在列出這個清單的當下或許會覺得很不切實際，但隨著時間的推移，你也可以將這些內容視為自己的夢想或目標。

話雖如此，我個人在列清單時還是難以擺脫現實層面的項目。但希望大家在列清單時可以發揮想像力，因為沒有時間限制，想到什麼都可以立刻補充上去。我也在此提供自己的清單給大家當作參考。

▼「人生必做清單」的實際照片

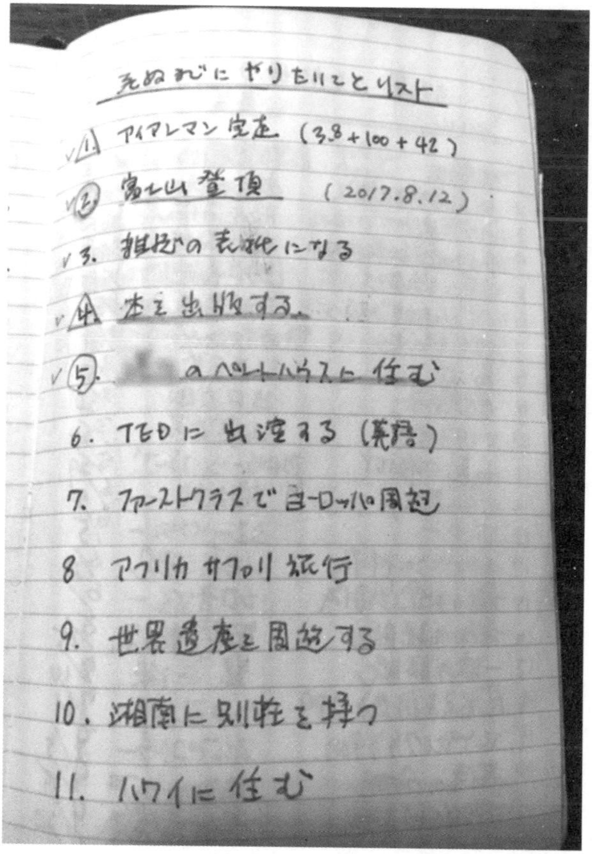

※ 照片文字：人生必做清單　1. 完成 IRONMAN 鐵人三項全程　2. 登頂富士山　3. 登上雜誌封面　4. 出版著作　5. 住進〇〇空中別墅　6. 上 TED 演講（英文）　7. 搭頭等艙環遊歐洲　8. 非洲狩獵旅行　9. 環遊世界遺產　10. 擁有一棟在湘南的別墅　11. 住在夏威夷

步驟三
描繪夢想

製作「夢想清單」

好，重頭戲終於來了。現在的主要任務是具體描述出自己的夢想和目標。

首先，將夢想列成清單。

要寫什麼內容是大家的自由。

請你清楚地描繪出自己在哪種情況下會打從心底感到幸福。我覺得大概五個至十個左右就夠了，多於或少於這個數量都沒關係。細項可包含與工作或職涯相關的事、與生活型態或嗜好相關的事、與親朋好友之間的關係相關的事。既然都寫了，就分別列出一、兩個吧。

在決定好項目，要寫出來的時候，有幾個重點要注意。

第一，不要寫太普通的目標（存一百萬或體重減三公斤之類的），**發揮你自由的想像力，盡可能描繪出一個在一般情況下你早就放棄的遠大夢想**。

最好是你以前也曾經想過，但卻因為太不切實際而自己打消念頭的夢想。我認為能夠懷抱這種夢想的人都具備著實現夢想的資質。

第二，**請具體地表達出來，直到你覺得無法說明得更詳細了**，直到你的腦海裡已經清楚地浮現處於那個狀態的自己。比如說，「想在國外工作」的話，那就指定國家和地點。「想出人頭地」的話，那就釐清想從事的職務和工作內容。「想買房子」的話，那就明確決定出地點、大小和預算。

真的要寫出這些內容時，你會發現其實也很困難。以年收入來說，一千萬日元算不錯了，但有一億日元更好，如果都到了這個級別，一百億日元也可以。即便只是簡單寫出夢想，人的欲望卻是永無止境的，這會讓人不知道什麼樣的目標才是適當的。雖然我前面要大家不要太務實，但你所想像的標準應該是要讓當下的自己會百分之百感到幸福的程度。

假設你現在擁有一千萬，你能得到所有渴望的事物嗎？可以的話當然無妨，但如果你仍然感到不滿意的話，你應該再稍微提高你的目標。或者是設立一個有明確動機的目標，比方說，成立公司的資本額最少需要三千萬，買房需要五千萬等等。

一旦要寫出來，或許你會再次意識到自己的夢想其實是很模糊不清的。不過，在反覆改寫的過程中，你的想像會越來越清晰。

第三，**不要用希望的口氣，而是要用斷定的口氣**。

不要用「我想做～」或「我想成為～」這種只是希望的消極口氣，而是要用「我要實現～」或「我要超過～」這種，宛如已經達到目標般的積極口氣。

而且，你要表達的不是實現夢想這個行為，而是已經實現後的狀態。比起「我要成為～」，應該改說「我要成為～，然後～」。比起「我要買～」，應該改說「我要擁有～，然後～」。當你在描述實現夢想後的狀態時，會更容易掌握到逼真的想像。

假如夢想是「成為作家」的話，那就是「我要成為一名直木獎作家，然後出版銷售量突破一百萬本的暢銷書」。假如夢想是「擁有進口車」的話，那你可以說「我要開白色的瑪莎拉蒂到輕井澤兜風」。

第四，這是我希望大家一定要做的事，那就是設定期限。

期限的預設時間大約是五年到十年。我剛進公司的時候，制定了一個四十五歲前的計畫，期間長達二十三年。正確來說，我不是把期限設為二十三年，而是把目標訂在四十五歲。雖然我任職的是一間外商公司，但基本上是終身職，沒什麼機會像現在這樣靈活自由地換工作，所以我當時算是大致推斷出自己的職業生涯。

然而，現在時代的速度不同了，換工作是理所當然的事，沒人能想像得到三十年後的工作環境。就這方面來說，我認為長遠計畫的期限設定在十年左右剛剛好。

另外，你可以隨時開始你的計畫。當然，選擇在新年這種生活告一段落的時候也不錯。但擇日不如撞日，不如馬上開始吧。

如果你把最終目標訂在十年後的話，你的最後期限當然也是十年後，但並不是所有事都能在十年後一次實現。

雖然最後期限設在十年後，但如果你同時擁有許多夢想的話，提前完成一些目標或夢想也沒關係，但不能把期限設定得太寬鬆或太嚴密。

請你在充分瞭解現況和每年的成長後，設定一個實際而具有挑戰性的期限。就像工作有期限一樣，人生的時間也是有限的。

隨時可以開始和遲遲無法開始是一體兩面的事，那些說自己只要有足夠的時間，什麼事都做得到的人，其實就算給他們再多時間也什麼都辦不到。這個期限和具體且肯定的表達是一樣重要的。

基於以上四個重點，我會列舉出夢想清單的項目範本，給大家作為參考。部分內容和前面製作的「人生必做清單」重疊也沒關係，但必須描述得更加具體。

此外，清單項目和價值觀不一樣，不需要刻意排列優先順序。畢竟這是夢想清單，不同領域的事情是無法拿來比較的。因為是夢想，即便無法全部實現，但只要其中一項成真都會是很棒的事。

夢想清單參考範例（省略期限）

◆與工作或職涯相關的事

・當上總裁↓當上員工數五百人以上的ＩＴ企業的總裁。
・在國外工作↓在美國西海岸擔任主管職。
・獲得高收入↓年收入超過三千萬日元。

◆與生活型態或嗜好相關的事

・出版書籍↓退休後成為作家並獲得芥川獎。
・蓋別墅↓購買位於葉山的海景別墅，週末與家人一起度過。
・開一間以愛好為主的店↓開一間向日本人介紹歐洲雜貨小物的店。

◆與親朋好友之間的關係相關的事

・和家人一起出國旅遊↓和妻子、女兒搭頭等艙看遍世界遺產。
・送父母一份禮物↓邀請父母到夏威夷，和所有親戚一起慶祝金婚，給他們一個驚喜。

雖然有點難為情，但我會提供我目前的夢想清單給各位參考。當我四十七歲實現自己第一個夢想時，我又以十年為期限，制定了一個五十七歲之前的全新夢想計畫。由於我的夢想計畫還是現在進行式，所以我將省略部分內容，但我計畫了十個夢想。到現在七年過去了，目前的進度是其中三個有了眉目，四個正在做具體的努力，另外三個必須加快節奏。

▼「夢想清單」的實際照片

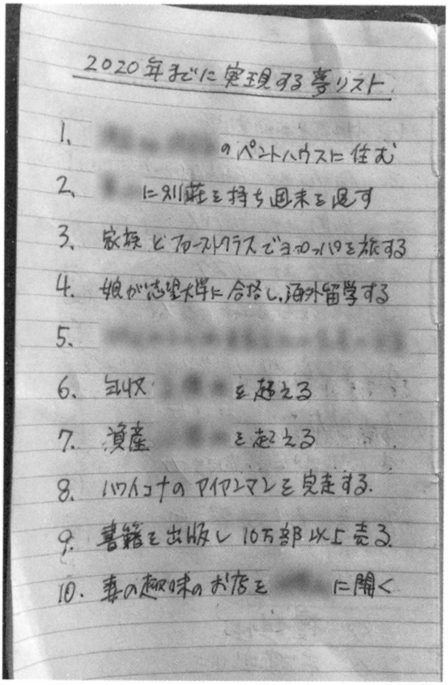

※照片文字：2020年以前的夢想清單　1. 住進〇〇空中別墅　2. 擁有一棟位於〇〇的別墅並在那裡度過週末　3. 和家人搭頭等艙去歐洲旅遊　4. 女兒考上第一志願，到國外留學　6. 年收入突破〇〇　7. 資產突破〇〇　8. 完成夏威夷科納 IRONMAN 鐵人三項全程　9. 出版著作，銷量突破十萬本　10. 在〇〇開設和妻子的興趣有關的店面

製作未來年表（十年計畫）

雖然將夢想條列出來本身就已經很有效了，但為了更穩健地實現夢想，我會建議大家寫下邁向最終目標的成長腳本，就像本書開頭那張我三十三年前寫下的未來預想圖一樣。**我稱之為「未來年表」**。

你可以針對條列出來的所有夢想一一制定計畫，或者你也可以只挑選重要的項目。就我而言，我已經持續這種做法多年了，在條列出夢想後，我會習慣想像具體的行動計畫，所以我現在不一定會製作年表。哪怕只有一個也好，希望第一次聽說的人可以試著製作年表。

為了實現最終目的，我們需要考量多方面的因素。如果你想成立一間公司，那就必須考量營運模式，也需要拓展人脈、準備調度資金。然而，製作這個未來年表的目的並不是為了制定詳細的行動計畫，因為十年後有太多不可預測的變數，將計畫制定得太過詳細是不切實際的。未來年表只不過是一個實現最終目標的粗略腳本罷了。

作為達成最終目標的步驟之一，我要請各位擬定一個粗略腳本。

在擬定腳本的時候，首先要思考的是最重要的指標，即「里程碑」，然後再決定自己到達各個里程碑的時期。

每個里程碑都是你實現下一個里程碑不可或缺的過程。雖然不需要勉強自己每年制定一個里程碑，但你可以依據自己決定的目標，在合理的時期分別設定里程碑。將所有里程碑連接起來，就可以完成一個大型腳本。

假設你的夢想是「成立一間公司，十年後要成長至員工一百名、銷售額五十億日元、股票上市的規模」，那麼就有一大堆事情需要考量了，例如評估營運模式、市場調查、研究國內外的成功案例、集資、招聘、銷售管道、培養合作夥伴、決定公司名稱與據點等等。

將這些因素統統放進計畫裡是非常困難的，畢竟大環境會在十年內發生變化，也有可能會出現意外狀況。

因此，為了實現十年後的最終目標，你只需要在當時能夠考量到的範圍內設定主要指標（里程碑）就可以了。例如目的事業、成立公司、資金調度、組織、銷售額這些當下必須完成的主要目標。

將你設定的指標串起來後，腳本就會連成一條線，接著你就可以開始想像實現最終目標大致需要經過哪些流程。

在思考腳本的過程中，你會逐漸釐清一些事情。一個是有可能成為阻礙的因素會突顯出來，因此你可以提前想好針對阻礙的應對方式。另一個是，如果你完全描繪不出里程碑的話，那就代表你的夢想太過不切實際，最好重新思考夢想的輪廓。

確立好所有里程碑和時期後，你可以**增加一個實績欄（回饋），每年或定期針對進度進行評價**。如果你沒有在設定的時期達成目標也不需要氣餒，你可以根據過去努力的過程及經驗中所獲得的新知識和見識來進行必要的修正。

這個回饋作業不僅是進行修正而已，還能夠讓你的十年後未來年表更上一層樓，並且更貼近現實。

未來年表（十年計畫）的範本

夢想		成立公司，達到員工一百名、銷售額五十億、股票上市的規模		
期限		2012.1.1~2022.12.31（記錄至 2017.12.31）		
Year	Age	里程碑	回饋	評價 (A、B、C)
2012	30	決定事業領域、營運模式	評估事業領域、營運模式	B
2013	31	拓展人脈、研究案例	決定事業領域、繼續研究案例	A
2014	32	決定公司簡介（目的事業、公司名稱、組織、據點等等）	決定公司簡介（除了據點以外）	B
2015	33	完成資金調度	決定據點、資金調度未定	C
2016	34	成立公司	完成資金調度、招聘員工中	C
2017	35	員工十人／銷售額達到五億	成立公司（員工七人／銷售額達到兩億）	B
2018	36	發展合作夥伴（五間）		
2019	37	員工五十人／銷售額達到二十五億		
2020	38	參與企業交流		
2021	39	員工一百人／銷售額達到五十億		
2022	40	公司上市		

之後我在步驟五「再次確認」也會提到，如果因為外部環境發生重大變化，導致每一年都和該年度的目標有落差時，更改目標的進度也沒關係。為了達成最終目標而根據現狀修正方針也是一項很重要的工作。本來我們每個人就擁有許多實現夢想或目標的腳本。

但是，**絕對不要更改最終目標的內容和時間**。如果你決定是十年，那就要固定是十年。也就是說，不是每一年都在擬定下一個十年，而是一年過後，你的十年計畫就會變成剩餘時間九年的計畫。

因為最終達成目標的時間非常重要，如果對你來說十二年是一個理想的段落，那你最好一開始就明確設定好年分。

我再強調一次，本書的目的並不是要讓讀者們學習詳細規劃的技巧，而是透過寫下來的行為，將模糊的夢想描繪得更加具體。接著再繪製出一個長途航行的地圖，讓大家划動船槳，勇敢邁出第一步。

描繪一年後的自己（年度計畫）

接下來，是設定一年後的目標。

當然，一年後的目標也是實現十年後的夢想的第一步。

但是，這並不是「夢想清單」的年度計畫。如果和先前條列出來的夢想有關固然很好，但也可以是和夢想計畫無關的短期目標、銷售目標、年度目標或日常生活的目標，不一定非得要符合夢想計畫的內容。

像我每一年的新年都會在新買的手帳上寫下對前一年目標的評價和反省，並設定今年的目標。我會分別在工作、生活型態、健康、家人這些項目列舉兩到三個細項，總共會設定八到十個項目。

當然，你也可以設定五個或十五個，但如果項目太多的話，容易模糊焦點，最後甚至無法執行。

一年的目標設定必須比「夢想清單」的內容更加具體，這時候我都會用以前在工作上使用的「SMART」（Specific, Measurable, Achievable, Realistic, Time）法則來表達，這個方式能讓自己意識到「一年」的期限，寫出更加具體的內容。

◆ **Specific（明確的）：**

將內容具體描述到自己能夠想像出那樣的畫面。

◆ **Measurable（可測量的）：**

設定可以衡量的數值來確認每日或每月的進度。

◆ **Achievable（可達到的）：**

設定一個如果努力嘗試，就勉強可以達到的標準（累積短期的小成功也是實現大目標的重要因素之一）。

◆ **Realistic（現實的）：**

內容不要太過脫離現實，而是要符合實際情況。

◆ **Time（時間）：**

時限不一定要全部設在年底，應該有一些目標是比較容易實現的。比方說，如果目標是在假期時帶小朋友去夏威夷玩的話，那就要在夏天前做好準備。如果想要準備聖誕節禮物給女朋友的話，那期限就只到十二月為止。即使沒有特別明確的理由，你也可以訂在六月以前，多益考試一定要考到多少分。設定一個期限讓自己充分意識到目標，再往回推算必須採取的行動是很重要的。

在一年的尾聲，我們可以回顧一下是否完成了今年的目標，如果沒有達成的話，那原因又是什麼？並且根據結論設定新的年度目標。

如果是年度目標的話，你可以為沒有達成的項目再設定另一年的期限，就算沒有實現也不用太過悲觀。

這些是你每天都會意識到的目標，所以不太可能是努力不足的關係。你可以分析一下是不是目標太高、太多，還是有其他因素，然後再重新設定新一年的目標。

你可以把這個年度計畫想像成是實現夢想清單的熱身活動。

即便是小小的夢想，只要設定目標並加以實現，你所獲得的成功經驗對於今後的人生就會產生深遠的影響，也會更加相信自己的潛力。

因此，比起與「夢想清單」之間的關聯性，大家應該在年度計畫多加累積執行與實踐的親身經驗，放膽地面對失敗。

然後體會「失敗為成功之母」的道理。

各位的最終目標在於十年後，年度計畫只不過是達成目標的事前排練。

工作篇

◆晉升總經理，擁有十名以上的下屬。

◆年度業績達到一〇〇%，與去年相比成長幅度達到二位數。

嗜好篇

◆海釣時釣到超過三十公斤的魚。

◆考取葡萄酒檢定銀級。

健康篇

◆在三個小時內跑完檀香山馬拉松。

◆每週進行一次肌肉訓練，減重十公斤。

家人篇

◆搭乘商務艙到紐約，作為妻子的生日禮物。

◆重新裝潢住家，舉辦家庭聚會。

▼「年度計畫」的實際照片

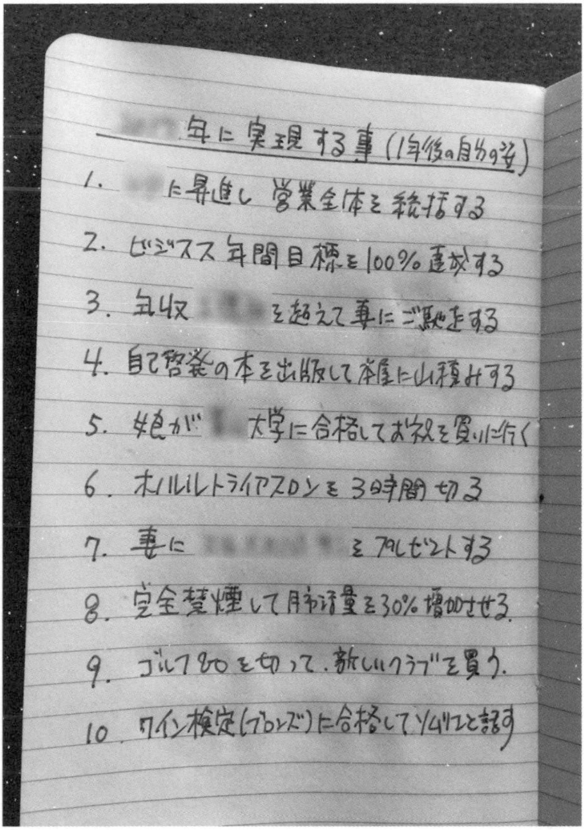

※ 照片文字：〇年內實現目標（一年後的自己） 1. 升職為〇〇，帶領公司銷售部門 2. 業績年度目標達到100% 3. 年收突破〇〇，請妻子吃大餐 4. 出版自我啟發書籍，在書店裡堆得高高的 5. 女兒考上〇〇大學，買禮物為她祝賀 6. 三小時內完成檀香山鐵人三項 7. 送〇〇給妻子 8. 完全戒煙，肺活量提升 30% 9. 高爾夫球突破八十桿，買新球桿 10. 考取葡萄酒檢定

步驟四
提升動力

決定每日例行事項

若有逐步完成前述的步驟，相信你已經釐清自己的想法並設定了明確的目標。原本手帳只是用來記錄預定行程的，現在應該讓你覺得像是自己的聖經一樣重要吧？這也會提升你達成目標的動力。

為了再提高動力並踏出具體的一步，接下來**我們要決定的是每日例行事項**。

你可以找一件有助於自己實現目標的事情作為每日例行事項。

比方說，如果你的目標是減肥，那你就要每天定時進行簡單的運動。如果你想加強英文能力，可以每天閱讀英文報紙。一旦決定好每日例行事項，就在手帳裡寫下來吧。

決定每日例行事項時的**重點在於內容不要太難，這樣才能持續下去**。最好可以決定時間長度，短的話兩到三分鐘，長的話儘量壓在十到十五分鐘左右，還有執行的時段（例如早上起床後或晚上睡覺前）。

另外，有些日子做不到也不用太放在心上，隔天再開始執行就可以了。每日例行事項畢竟是為了實現夢想所做的事，和夢想有關聯性當然很重要（例如想當口譯就需要天天學習英文等等）。除此之外，也要考量執行的方便性和可以負擔的程度，內容必須是每日都能夠實行的事才行。

而且，就像我在後面分享的每日例行事項一樣，即使乍看之下跟夢想沒有什麼關聯，但就結果論來說，保持頭腦清晰和鍛鍊身心對於實現將來的夢想都有極大的影響力。

這幾年來我持續進行的每日例行事項一共有五個（有一到兩個是根據年分補充上去的）。

◆ **冥想：**早上十分鐘，在上班前深呼吸，感謝周圍的人們，回顧自己的夢想。
◆ **訓練：**回家後進行肌肉訓練，伏地挺身、腹肌、深蹲三組，最近增加了體幹鍛鍊和伸展。
◆ **服務：**每天服務他人一次。
◆ **英文：**通勤往返途中各聽一集TED。
◆ **日記：**一天結束時，用簡單幾句話寫下今天發生的事。

尤其晚上寫日記是很重要的習慣，你可以進行當天的反思、自我評價，進而面對明天嶄新的一天。此外，在早上冥想可以讓你的一天不是在慌慌張張出門中開始，只是提早十分鐘起床而已，只要十分鐘，你就能充滿感激和希望的正能量，帶著愜意的心情離開家裡。我個人非常推薦。

▼「每日例行事項」的實際照片

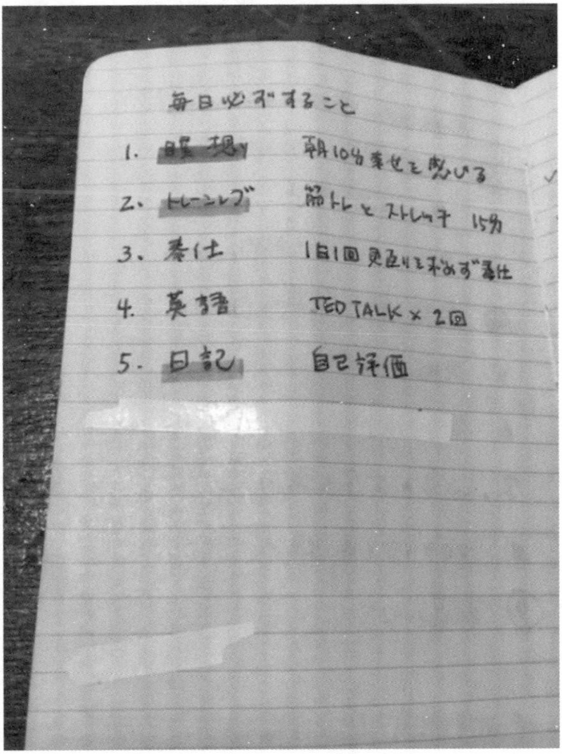

每天做肌肉訓練的習慣我已經持續了將近三十年，我不敢說是整整三百六十五天，但即便是工作很晚回到家、聚餐時喝了酒，只要不是累到動彈不得的狀態，我天天都會執行。

每日例行事項是會變成一種習慣的。當然，最好是每天確實執行，即使不小心忘記了，隔天有做到的話，最後就會像刷牙一樣，一天不做就渾身不對勁。如果變成這種狀態，你就成功了。一年後，你應該會明顯感受到自己的生活發生變化，正一步一腳印地接近自己的夢想。

建立個人紀錄頁

希望大家可以把現在使用的手帳、筆記本或是一張紙當作專屬於自己的未來手帳或預想圖，把自己的想法寫得滿滿的。為了襯托出重要性，**大家可以建立一個關於自己興趣的個人紀錄頁**。

比方說，我的目標是一年閱讀五十本書（一年有五十二週，所以大約是一週一本），事後我會補充上閱讀的書名、作者、日期，還有簡單的心得感想。

隨著內容的增加，會越來越有趣，可以在閱讀過後總結一下內容，或是回顧以前讀過的內容，還能調整閱讀的步調，非常方便。

此外，讀書的時候，我也會把特別喜歡的內容抄寫下來，整理成「喜歡的一句話」，每次回顧那些諺語或是名人充滿內涵的話語就會讓我充滿幹勁。

▼ 個人紀錄頁的實際照片①

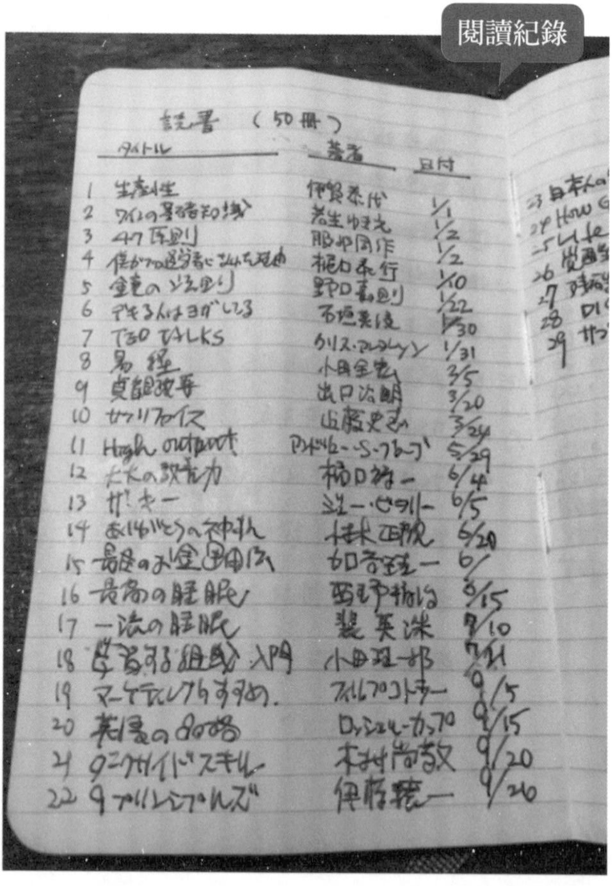

▼ 個人紀錄頁的實際照片②

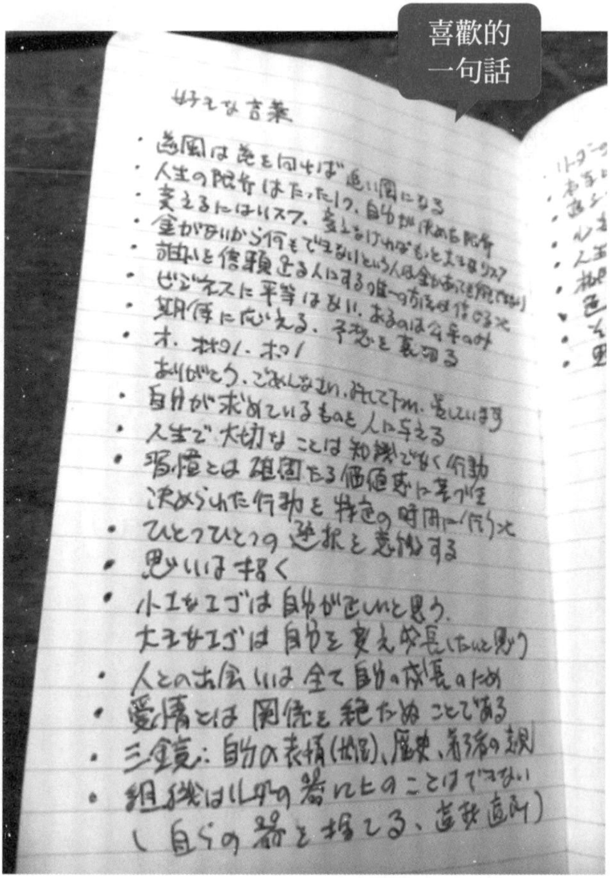

▼ 個人紀錄頁的實際照片③

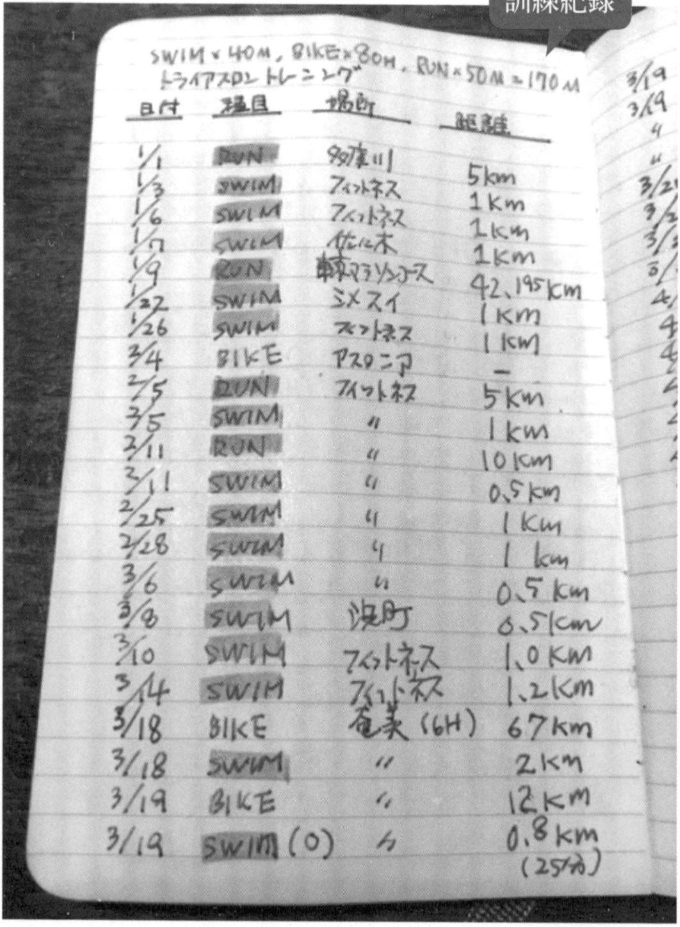

▼ 個人紀錄頁的實際照片④

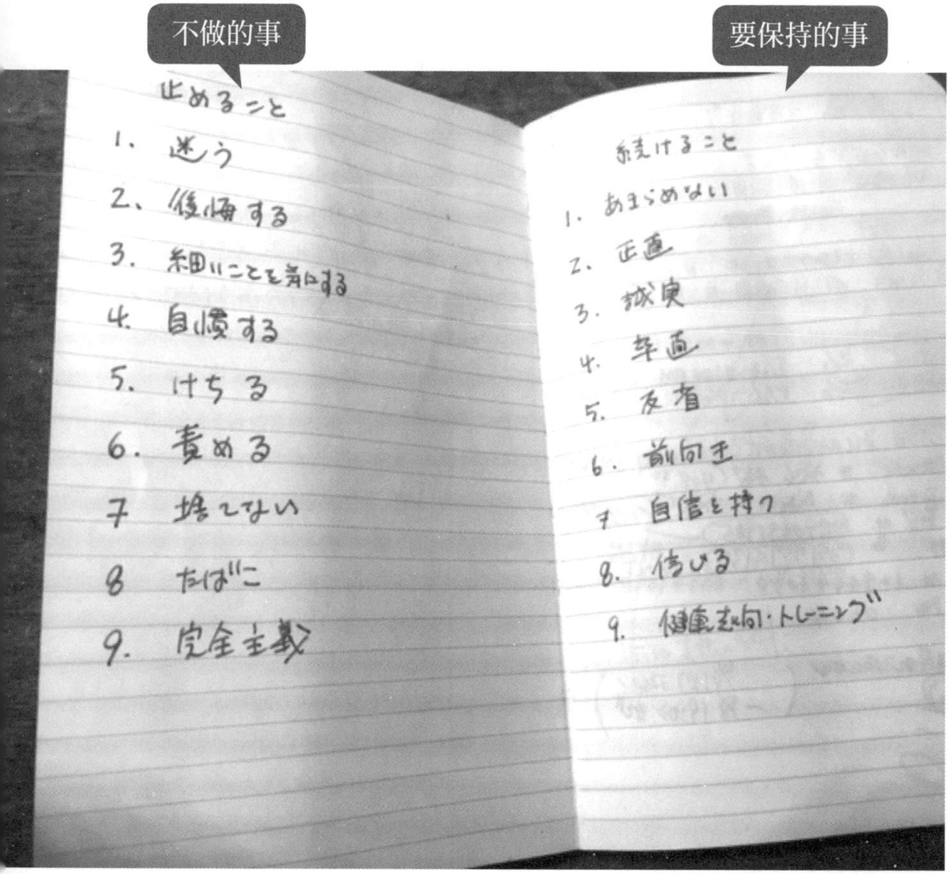

因為我有在做鐵人三項的訓練，所以我會簡單記錄自己練習的項目是游泳、跑步、腳踏車，以及日期、地點和注意到的事情。和不做記錄的時候相比，這麼做會提高練習的動力，如果練習頻率太低的話，還會為自己的偷懶反省。

熱愛藝術的人可以記錄下你去過的美術館、觀賞過的電影或音樂劇，就算是建立一份喜愛的葡萄酒清單也可以，如果能把當下的感動記錄下來會更好。

這是因為每次回顧都能喚醒你當下的感動，還能體會到成就感。另一方面，雖然我設定了每年閱讀五十本書的目標，但最後只看了三十本書，我就會反省自己應該要多留意閱讀的步調。

最近為了自我戒律，我也條列出「不做的事」和「要保持的事」。大家經常會條列出今後要開始做的事，卻很少人會條列以後不做的事。此外，特別留意這些要保持的事有助於加強自己的優勢，這也是更接近理想中的自己的一個方法。

現在的年輕人可能不太知道，以前去做收音機體操的時候，出席卡上就會得到一個印章，記得這個章讓當時的我很高興，心裡還想著：「我明天也要來。」這個概念其實和個人紀錄頁是一樣的，一旦開始記錄，你就會想要增加內容或數量，進而引起你的動力。記錄自己的行為來充實個人紀錄頁，並進行客觀的評價，在享受樂趣的同時還能養成習慣，距離實現夢想又更近了一步。

填寫行程表

有些人可能在設定目標的階段就滿足了，但實現夢想並不是那麼輕鬆的事，機會不會留給不做任何努力的人。

人類的意志很薄弱，即便心裡想著明天要做，總是會有當天很忙或臨時有事等等的藉口不去執行。

畢竟大家這麼忙碌，就算不做任何安排，一天的行程也會立刻補滿。在這種情況下，有一種方法可以確保實現夢想的時間，那就是**事前將預定行程寫在手帳裡**。

例如，決定好在每週二晚上六點到健身房游泳後，就不再安排其他行程，星期三晚上七點開始上英文補習班，星期五下午的時間留給自己思考。像這樣將時間鎖定起來，就可以確保固定的時段不會被用在日常瑣事上，這也是爭取實現目標的時間最有效的方式。

還有另外一種方式，即便你覺得沒有足夠的時間去準備證照考試或體育競賽，果斷報名下去，預定行程自然就會填滿了。這是因為你自己規劃了截止日期，一旦有了計畫，你就可以下定決心，往回推算時間去做準備。你也可以事前安排聚餐時間來拓展人脈，或是報名參加各式各樣的交流會。

換句話說，大家要停止抱持著「改天」的心態。我們都會說「改天找個時間見面」，但通常都是聽過就算了。如果彼此真的想要見面的話，當下就會開始討論日期了。

我平時習慣用電腦軟體來管理我的工作行程表，馬拉松大賽、游泳訓練、音樂會這些工作以外的安排我就會寫在手帳裡。我一整年安排了很多行程，這麼做可以讓容易怠惰的日常生活上緊發條，讓自己確實有所成長。

▼ 我實際填寫的行程表

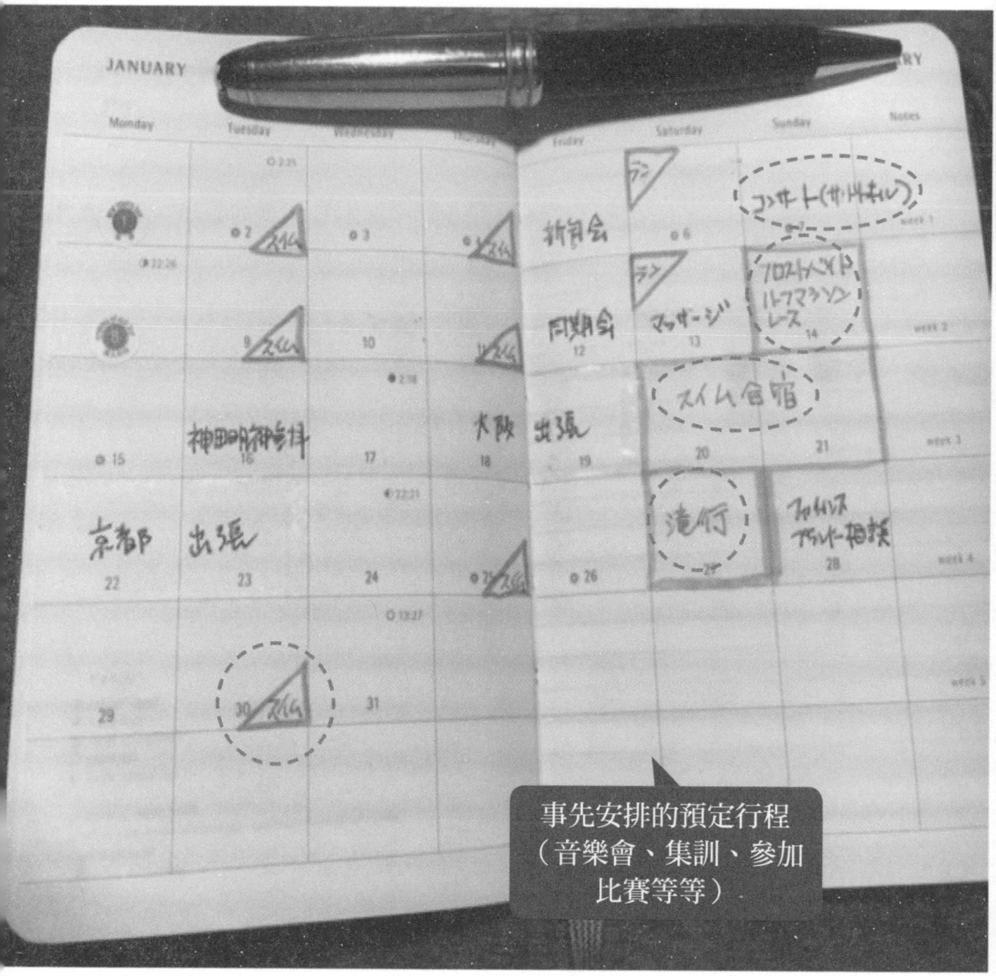
JANUARY
事先安排的預定行程
（音樂會、集訓、參加
比賽等等）

步驟五
再次確認

每天回顧

這是最後一個步驟了。到步驟四為止，描繪夢想的一連串工作就此結束。最後這個步驟可以說是過程中的維護工作。

在體育界，日常的維護工作和訓練、正式比賽是一樣重要的，同樣地，要實現夢想也少不了這個維護工作。

「夢想清單」和「年度計畫」也是如此，重要的維護工作是你必須再次確認你所寫下來的具體目標。

因此，我們每天要撥一些時間來回顧目標、想像自己達到目標的畫面。可以的話，最好挑在晚上睡覺前或上班前獨處的寧靜時間，一個人搭電車的移動時間或短暫的休息時間也沒關係。剛開始你可能會覺得難以平靜下來思考，但養成習慣以後，就算你沒有特別掛在心上，這個習慣也會烙印在你的潛意識裡。

即便你有寫下來，卻放在一旁不拿出來回顧的話，其實不能指望會有多大的效果。透過在腦海裡反覆確認，自己的目標和夢想會深植在潛意識中，就算你沒有特別意識到，也會自然而然地朝著目標採取行動。大家不用想得太複雜，只要每天重複一樣的行為，人人都做得到。

如果可以的話，建議大家每天或每週定期回顧一下，這一段屬於自己的想像時間會把你的想法和情感凝聚起來。

我們常常看到準備大考的學生會將年度計畫再細分成三個月計畫、每月計畫、每週計畫，我覺得這是一個很棒的方式。這種由下往上的努力型計畫對短期目標很有效，但並不適合用來執行十年左右的長期計畫，通常大家都無法持續下去。

我們的目標在於確立目標後，在不過度意識目標的狀態下改變自己的行為。

因此，我們要把內容寫下來，並且每天回顧。經由這樣的行為將習慣深植到潛意識裡。

假設你的目標是一年內瘦下十公斤好了，如果你試圖制定嚴密的每日計畫來達到一個月瘦兩公斤的目標，你會覺得每天執行都是一種義務，做起來也會很痛苦。另一方面，不制定太詳細的執行計畫，只要每天回顧一年瘦下十公斤的目標，並想像那樣的畫面，自然而然地，你就會想在週末慢跑、平時搭手扶梯的時候會改走樓梯、把早餐吃的麵包改成沙拉等等，就算你沒有特別定什麼詳細的規則，日常行為也會發生變化。

這是因為潛意識中已經烙印上自己瘦下來的模樣，一旦做出違背這個結果的行為就會感到全身不對勁，結果一個月過後就瘦了兩公斤，這就是其中的訣竅。請大家每天回顧你的目標，直到你達到這種無意識的境界。

每天回顧還有另一個用意，這是讓你在除了每日例行事項以外的時候，還能為自己保留一小段思考夢想的時間。這不是每天的工作，也不是單純的休閒時間，而是用來進行當天的反思和回顧目標進度的時間。

我每天都會在寫日記和早上冥想的時候預留出這麼一段時間，如果平時沒什麼機會獨處，每天都累到回家倒頭就睡的話，你會無法為自己補充能量。就像完成肌肉訓練後，如果不做一些伸展運動來舒緩肌肉的話，肌肉會一直維持在緊繃的狀態。我們的頭腦和心靈也是一樣的，每一天保留這樣的冷卻時間是很重要的。

適時修正

最後，大家或許會遇到偶發狀況，但我會建議大家適時修正、調整這個步驟所制定出來的計畫，尤其是未來年表這種長期計畫。

請大家不要遲疑，重新檢視並直接修改。

只有十年後的最終目標絕對不能更動，中間的過程可以嚴謹地完成當然是最理想的，但事情總是不會那麼順遂。反過來說，如果無法達成短期目標就自暴自棄的完美主義者通常會難以到達最終目標。這跟在航海中遇見風暴會變更航線是同樣的道理。

為了實現最終目標，我們可以根據環境或情況，將中間點靈活地調整成當下的最佳路線。

這個修正工作可以在任何時間點進行，但如果修正的頻率太過頻繁的話，你滿腦子都想著要如何修正，反而適得其反。大概三個月或半年一次就足夠了。

此外，除了定期重新檢視之外，在碰到自己無法控制的變故或是情況有所改變的時候也要進行修正。

比方說，調職、結婚、小孩出生或是不幸碰到災害、生病等等，尤其是發生不太樂觀的事情時，臨機應變是很重要的。碰到災害或生病這種被迫修正中途目標的時刻，或許會讓人想要放棄，**但即便在這種情況下，也請你不要改變最終目標，只要修改無法實現的中途目標就好**。不管是什麼情況，一定都有辦法解決的。

只要你沒有喪失希望，擁有面對明確目標的信念，那麼你就還可以改變自己的行為。相反的，有時候這些考驗是一種反思或轉機，甚至能導向成功。

至於短期的「年度計畫」，我認為大家應該盡可能地不要去改變內容，畢竟只有短短的一年而已。如果目標太多的話，可以縮減數量或是稍微降低目標值，最多做到某個程度就好。唯一要避免的事是放置目標不去回顧，「年度計畫」最重要的就是實現目標並體驗成功的感覺。

此外，我想大家也會因為看到一些事情深受感動，或是見到一些人物而受到影響，進而產生新的目標或夢想。這種時候，你可以毫不猶豫地去追加或修正你的計畫，自由地去追求一個嶄新的自我。

- ☑ 習慣是最可靠的武器
- ☑ 用寫日記整頓你混亂的心
- ☑ 小兵立大功的備忘錄
- ☑ 一天保留三十分鐘
- ☑ 用積極態度迎向變化
- ☑ 認同此時此刻的自己
- ☑ 改變自己的心態與行為，更簡單
- ☑ 認為自己是幸運的
- ☑ 整理物品就像整理內在
- ☑ 關心自己的儀容，找到最適合的穿著

CHAPTER 3

實現夢想的好習慣

習慣是最可靠的武器

在這個章節我要向大家介紹，把夢想寫在紙上以後，我們每天應該採取什麼樣的思想和行為模式，還有其他促使夢想成真的思考模式，及面對事物的觀點。我挑選了幾個日常生活中有助於實現夢想的下意識行為。

實現夢想的關鍵在於，我們要如何在平時的生活中把促使夢想成真的行為培養成習慣。習慣是一件很強大的事。我從大學時期開始，每天睡覺之前一定會在房間裡做肌肉訓練，伏地挺身五十次、仰臥起坐五十次、深蹲五十次，就只有這樣。即便是工作到深夜才回家的時候，或是聚餐喝完酒回家的時候，只要沒有其他突發狀況，我都一定會做完一輪。這就跟每天刷牙一樣，一天沒做，躺到床上的時候就會覺得很不對勁，這就是養成習慣的證據。多虧這個習慣，現在我的體脂肪率仍然保持在五％。

培養習慣有兩個訣竅，一個是將負荷量設定在你想做的事情七〇到八〇％的程度，另一個是決定執行的時段。有些事情很容易養成習慣，但也有些事情較難培養成習慣。例如寫日記、閱讀、整理、學習這些比較不受喜好或興趣影響的事情，只要持續大約一個月就能培養成習慣。相較之下，減肥、早起、戒菸、運動這種需要運用到身體的事情就比較困難，養成習慣大概要花上三個月。而比這個更困難的是思考層面的習慣，比方說，你要一個平時都很消極的人做正向思考，或是要一個人不要感情用事，永遠保持理性思考。據說這些思考層面的習慣要花上半年才能培養出來。

大家可以參考接下來的內容，培養一個適合自己的習慣。

最重要的是，只要持續不懈，任何人都可以改變自己。堅持就是力量，習慣是成就理想的自己最簡單也最可靠的武器。

用寫日記整頓你混亂的心

我習慣每天在睡前寫日記。日記是用來記錄每天發生的事，或是自己的行為和想法，只要有紙和筆，任何人都可以輕鬆上手。最近很多人會用手機程式、部落格或臉書來當作日記，但我這二十年來都是使用紙本的日記本。我個人最喜歡用的是「三年連用日記本」。三年連用日記本可以寫下三年分的日記，而三年間的同一個日期是排列在同一頁的。

也就是說，只要在今天的日記頁一看，你就可以回想起去年的今天自己做了什麼，也能夠感受到一年的成長和變化：原來去年的這個時候，我過得這麼辛苦啊。就算只是一年前的事，我們也出乎意料地健忘。

每天寫日記的話，就會有一些新發現。首

先，你可以**整理一整天下來被瑣事搞得很混亂的頭腦和內心**。

今天發生的好事、壞事、感動的事、該反省的事等等，在邊寫邊回想的過程中，你就能夠明白自己心情不好的原因，或是冷靜地分析和朋友發生的爭執。一旦理清自己的想法，不僅能減輕壓力，還能更積極地思考自己該做的事，面對明天的生活。**寫日記是一個重新整頓自己的契機**。

三年連用日記本的優點在於，只要看一下前一年的情況，你就能感受到自己一年來的成長和思想上的變化。

此外，當你感到困擾、後悔或煩惱的時候，只要思考一下這個煩惱在一年後是否一樣重要，你就會突然覺得自己煩惱的事情根本沒有什麼大不了的。

日記不見得要每天寫，內容也可以只是單純記錄自己的行為，如果可以描述一下當下的感受，事後回顧時就能拿來當作參考。

寫日記時，我唯一放在心上的重點是盡可能**用較正面的表達方式**。

如果表達方式太過負面的話，你的腦海裡就會烙印下寫日記的負面印象，反而適得其反。即使發生了很難受的事，如果用積極正面的描述來期許未來的話，你的大腦就會感到高興，也會重新整頓好心情。尤其是在睡前的時候，讓大腦保持著積極正面的想法也有助於良好的睡眠品質。

每天只要花短短兩、三分鐘就好，各位也從今天開始動手寫日記吧。

▼ 日記的實際照片

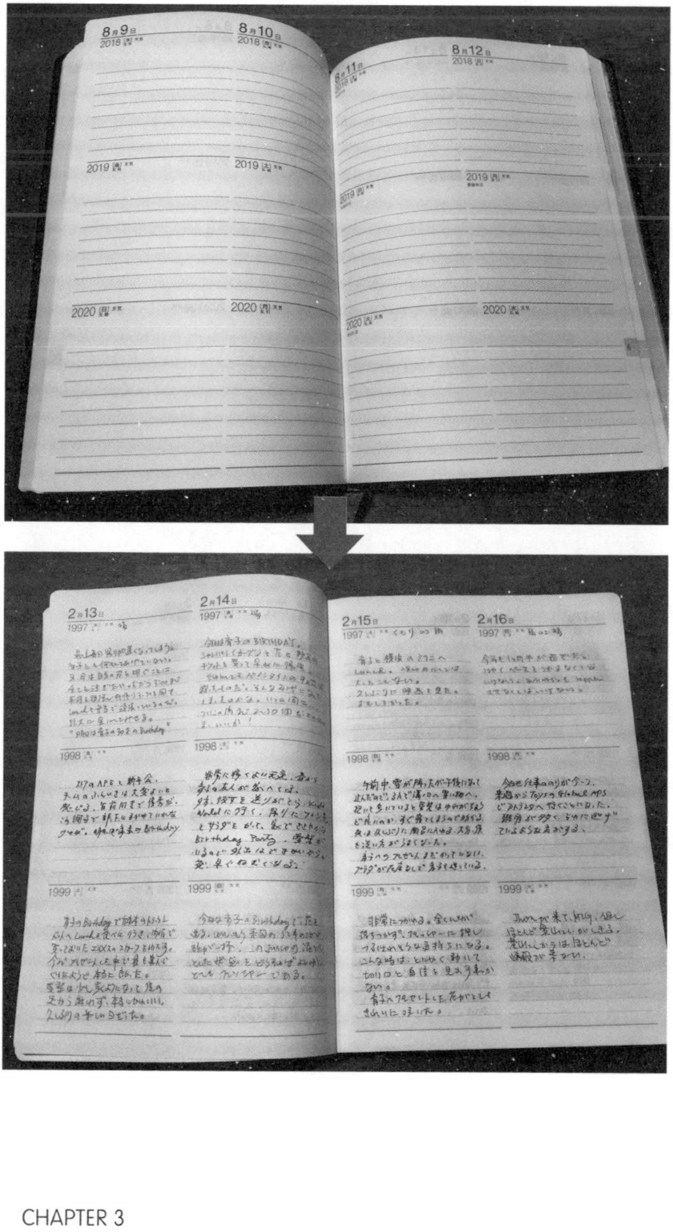
8月9日
8月10日
8月11日
8月12日
2018
2019
2020
2月13日
2月14日
2月15日
2月16日
1997
1998
1999

小兵立大功的備忘錄

最近比較少看到有人記備忘錄了，隨著電腦和智慧型手機這些數位記錄工具的發展，大家可以另存成圖片，只要暫時儲存下來，就算不記得內容也可以之後再搜尋，隨身攜帶紙筆的人越來越少也是能夠理解的。

雖然我也喜歡用智慧型手機，但我同時會在胸前的口袋放幾張名片大小的便條紙和筆，碰到疑惑的事或重要的事就會立刻寫下來。這是我以前養成的習慣，到現在也沒有改變。

大家會在事後把記錄在智慧型手機裡的資訊翻出來仔細看並思考嗎？大多數情況下，都不會再拿出來仔細看吧。但是，如果你在會議中突然想到一件之後想再確認的疑問，要是用筆寫在紙上的話，之後就會拿出來看，可以仔細琢磨或採取具體行動。

此外，走在路上的時候，突然靈光一閃或想到什麼事的時候，如果不馬上記下來通常最後都會忘記。這時候，只要稍微記錄在隨身攜帶的便條紙上就不會忘記了，之後還能回過頭來看並採取相關行動。

記備忘錄**包含輸入（input）和輸出（output）兩種元素**。輸入指的像是會議紀錄或備忘錄，因為事後不容易忘記，所以習慣在會議中邊聽邊記備忘錄的人能夠帶給他人信任感和安心感。但更重要的是輸出，你可以記錄當下想到的事、感受、疑問、靈感等等想法。

備忘錄也是一個契機，原本只是簡單記錄下自己的靈感和印象深刻的重點，**但事後回顧時，你會開始回想當初記錄下來的原因，然後重新思考這件事或是執行你想到的主意**。如果不記備忘錄的話，即便當下覺得很重要，大多時候都會忘記，也就不會影響到自己的行為。雖然也可以記在筆記本上，但筆記本不便於隨身攜帶，而且用途更傾向做記錄，很容易錯過事後回顧並重新考量的重要機會。

備忘錄最重要的是要在想到的當下寫下來，所以請大家準備一些我前面介紹的可以隨身攜帶的物品。備忘錄最好保存一個月左右，每個月重新整理，這樣就總共有三次在自己腦海裡思考的機會，包含當初寫下來的時候、當天回顧的時候、一個月後。你可以將重要的事情看得更清楚，也能在日常生活中找到有價值的資訊或靈感。請大家務必親身體會記備忘錄的效果。

▼ 備忘録的實際照片

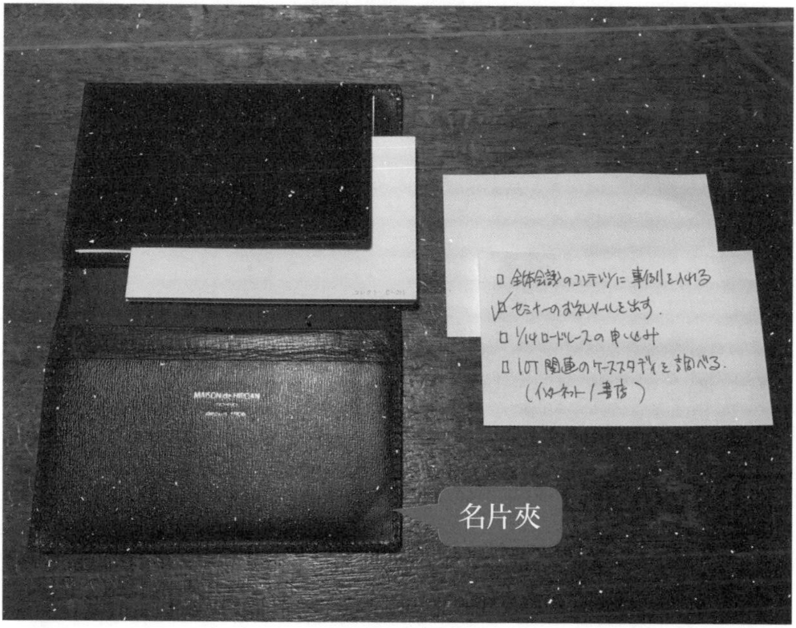
□ 全体会議のコンテンツに事例を入れる
☑ セミナーのお礼メールを出す。
□ 1/14ロードレースの申し込み
□ IOT関連のケーススタディを調べる。
（インターネット／書店）
名片夾

一天保留三十分鐘

無論目標有多麼偉大，如果什麼事都不做的話就不會實現。

此外，因為長期的大目標急迫性較低，要是忙於日常生活的瑣事，遲遲無法採取具體行動的話，時間就會這樣流逝掉。

比方說，學習語言。在現今的時代，任何企業都避免不了全球化。即便如此，想要持續學習平時工作上用不到的英文也是很困難的。如果是留學、調職到國外這種有期限的具體目標也可以，但事情往往沒有這麼順遂。我有一個方法可以徹底突破這種情況。

那就是在每天的生活中，為這件事情保留三十分鐘的時間。

無論是上班前、電車上、午餐時間、晚餐

前、睡前，什麼時段都可以。為了向目標邁進一步，請大家每天盡可能在固定的時間撥出三十分鐘的空檔。即便你說服自己拿出幹勁，往往難以持續下去，但要是想著只花三十分鐘的話，出乎意料地能持續很久。

我現在每天會撥出大約三十分鐘的時間在兩件事情上，為了維持英語能力和學習新資訊、新思想，我會在早上通勤的三十分鐘用 YouTube 收聽最新的 TED 演講，另一件事是在晚上睡覺之前做三十分鐘的肌肉訓練。這兩件事對我來說是實現工作與私人夢想不可或缺的時間。

如果沒有每天把自己的時間使用在長期目標上，那不管過了幾年你都無法挑戰新事物，將會錯失成長的機會。

沒有行動就沒有收穫，反過來說，即使是小小的行動導致的小小成果，你也會逐漸培養出成就感和信心。請大家好好理解自己人生中真正重要的目標，決定優先順位，並且每天撥出三十分鐘的時間。如果可以的話，請把它轉換成文字寫在手帳上。這時候，你要重視的是重要性而非急迫性。

如果是迫在眉睫非做不可的事的話，任何人都會立刻著手去做。

重要的是你要如何在忙碌的每一天裡，**把自己的時間分配給那些經常延遲的重要行動。**

用積極態度迎向變化

要拋棄好不容易培養起來的舒適環境，對任何人來說都是需要勇氣的。漸漸地，我們活著是為了守護自己穩定的生活。然而，我們應該要認知到在現今這個時代沒有一個地方是安穩的。

現在世界的速度不同了。我在工作上第一次擁有手機大約是三十年前的事了，當時我隨身攜帶的包包裡放著和家用電話的話筒一樣大的電話，而所謂的折疊式手機花了將近十年的時間才完全普及。在那之後，我結束了兩年的外派工作，在二〇〇三年回到日本時，我驚訝地發現電車上幾乎每個人都在用手機傳簡訊。

而現在幾乎是人手一支智慧型手機。在短短幾年內，我們幾乎看不到公共電話，只要有一支智慧型手機，不只可以打電話、傳簡訊、上網，還可以拍照，甚至在消費的時候可以取代錢包的功能。

整個世界都以驚人的速度在變化，在這種環境下，自己不做任何改變不是一件很奇怪的事嗎？工作也是如此。

要應對變化，首先你要感受到變化才行。我認為大家的社交不應該局限於公司內部，偶爾見見公司外的朋友，結交新朋友，週末參加一些運動或同好聚會，更積極地去接受變化。

有人指出，全球企業指標「財富世界五百大」（Fortune Global 500）中有一半的公司會在十年後遭到汰換，這意味著企業競爭和時代尋求的企業變遷是很激烈的。如果你去看看倖存的企業，會發現他們的事業內容都產生了極大的變化。如果緊抓著過去的成功經驗不放的話，即便是風靡一時的大企業也只有衰退的命運。

我過去任職的ＩＢＭ在九〇年代遭遇了經營危機，當時我進公司才第五、六年，日本經濟還處於泡沫即將破滅的狀態。被稱作ＩＴ業界巨頭的ＩＢＭ跳脫不出大型電腦帶來的成功經驗，無法做出改變，在當時以微軟為代表的個人主機和軟體商機的浪潮中出現經營危機，九〇年代初期出現大約五十億美元的巨額赤字，呈現奄奄一息的狀態。

那時候，ＩＢＭ自成立以來首次從外部招聘一位ＣＥＯ來進行重大改革，他是路易士．葛斯納（Louis V. Gerstner, Jr.），他在著作《誰說大象不會跳舞？》（*Who says elephants can't dance?*）中也描述了來龍去脈，他從一個和ＩＴ產業完全不同領域的食品品牌的ＣＥＯ轉來重整ＩＢＭ，讓ＩＢＭ從銷售電腦硬體，轉變為提供解決方案和服務，營運模式變為解決問題型。在短短五年內獲得六十億美元的利潤，讓公司起死回生。

當我在紐約總部工作時，有機會見到葛斯納好幾次，他是個全身散發出強烈氣場，讓人不敢靠近他半徑五公尺以內的人。當時，我作為一名員工也有很深的體悟，即便是擁有四十萬名員工的跨國企業，若是安逸於舒適圈的話，也無法避免衰退的命運。

迎合時代改變組織價值和企業文化，大部分是組織領導者的工作。過去的成功經驗有時候反而只是一種阻礙，面向未來仍做著同樣的事的話，很遺憾，在現代社會無疑只有衰退的下場。這從個人的立場來說也是一樣的，如果你總是做著從前的事，最終會跟不上時代的。所以，離開自己的舒適圈吧。

變化總是伴隨著風險，但不改變會帶來更高的風險。沒有變化與風險也就沒有成功的機會。

認同此時此刻的自己

有些人會對過去的失敗感到懊悔，有些人則是在做出決定後，開始擔心他們的決定是不是正確的。然而，在你決定的當下，沒有人知道它是不是正確的。**正確來說，結果的好壞取決於之後的執行力或實現力，而不是決策的正確性。**

我在七年前決定離開工作二十四年的IBM，並挑戰擔任另一間公司的董事。當年我已經超過夢想預定期限的四十五歲，同時確定隔一年可以晉升成董事。好不容易夢想成真時，我心裡卻產生了「這樣下去真的好嗎？」的想法。我對原本的公司沒有任何不滿，反而很感激他們給予平凡的我這麼多的栽培和待遇。只不過，上了四十五歲以後，我大致能夠預測公司未來的走向。就某種意義上來說，那正是我過去夢寐以求的景象，但另一方面，我卻沒有信心把下一個夢想託付給未來十五年仍待在同一個環境工作的自己。我想像不出來自己在比過去更猛烈的鞭策下有所成長的模樣。現在回想起來，我當時的想法既狂妄又天真，但我決定在更寬闊的海洋尋求人生的下一個舞台。

當然，我重新制定了新的十年計畫。我相信這是為了取得更大的成功而做的決定，我抱持著一定的信心和理由換工作了。然而，現實並不會那麼順遂。業績最差、以往的常識不適用、公司文化差異、無法建立與他人的信賴關係、產品的市場認知度的落差，種種困難都讓我感到很挫敗。老實說，我甚至覺得自己失敗了，還感到很後悔。有一段時間，我天天後悔自己放棄了人人稱羨的穩定生涯，犯下了無法挽回的錯誤。

即使是現在，我光是走在當時經常走的路上，腦海裡都會浮現當時的痛苦回憶。**但在那個時候，我能做的事就是向前看並繼續走下去**。我沒有回頭、沒有停下腳步、沒有換條路走，只是專注在當下我能做到的事情上。

如果我在當下覺得自己搞砸了，放棄轉職時制定的新夢想的話，我當然得不到任何結果，最終以判斷錯誤的失敗收場。現在回想起來，我當時是抱持著毫無根據的信心，堅信自己一定會在某個地方成功。剛換工作時，我心裡已經立下了明確的目標，懷抱著小小的希望，我認為正是受到這個希望的支持，才能持續進行每一天的行動。

儘管中間經歷百般曲折，業績在一年後終於呈現V字型上升，並且讓日本惠普在兩年後獲得惠普全球發展最快的國家的獎項。以結果論來說，我的轉職可以說是成功的。

當時的成果絕對不是單憑我個人的力量實現的。那時候我學到的是，**事情的決策本身並沒有對或錯，而是後續的行動會影響結果，讓當時的決策受到正確與否的評價**。無論現在的情況如何，無論以前的結果如何，無論過去的決定如何，只有現在和未來的行動可以改變未來，甚至可以讓你自信地說出看似失敗的過去也是正確的。對於過去的遺憾、對於未來的不安都只會誤導人們的判斷，完全沒有意義。

人們總是活在現在這一刻。一旦你確立了一個大目標，就暫時忘卻過去和未來的事，在有限的時間裡認真度過每一分每一秒才是最重要的。其實我也不是一天到晚老是在思考夢想計畫和目標，我認為更重要的是你要如何讓自己認同此時此刻的自己，並且總是盡最大的努力。

改變自己的心態與行為，更簡單

有些人經常批評別人，指示對方改變他們的行為、態度或意見，主張對方應該做出改變。比方說，有人會說最近的年輕人連招呼都不會好好打。偏偏這種人不知道是不是自尊心太強，自己也不會主動打招呼。

當然，這種人或許有他批評別人的理由，但我認為想單方面改變別人的心態是一件很困難的事。畢竟有各式各樣的原因導致人們採取某種態度和行為，你在不瞭解原因的情況下，就單方面要求對方改變，其實沒有多少人會願意。況且，如果希望別人做出改變，那何不先改變自己呢？比方說，對方不打招呼的話，你就主動打招呼。**因為你沒有辦法去掌控對方的心情，唯一能控制的只有自己的行為和心態。**

當你對對方沒有好感的時候，通常對方對你也沒有什麼好感。相對的，如果你能表現出善意的話，對方多多少少也會對你抱有好感。常常聽到有人說他們不擅長跟某個人相處，因為對方好像不太喜歡自己，但會不會其實你才是那個在迴避對方的人呢？

我們常說他人是一面反映出自己的鏡子，所以從自己做出改變、喜歡上對方是很重要的。這麼一來，對方肯定也會做出改變。

以前曾經有個下屬向我坦承，他很不擅長和客戶裡的一名經理相處，交談起來總是不太順利。當時我告訴他就當作是被騙也好，試著在紙上把那個經理的優點寫下來。他雖然煩惱了很久，但還是寫下了三個：表揚他時露出的笑容、體貼下屬、工作認真。

然後我建議他每天早上看完這張紙再去接觸那位經理，過一陣子，他告訴我：「我現在覺得經理真的很認真又很辛苦，自己也想幫他一點忙。」當然，因為他的態度有所改變，和經理相處的方式也跟著產生變化，讓他覺得對方不好相處的想法也消失了。

想要對方做什麼事的時候，要先捫心自問自己有沒有做到。在大多數的情況下，我都會採取相同的應對方式。說不定對方也覺得「為什麼我非得改變自己不可？」希望對方喜歡自己的話，那你要先喜歡上對方。希望對方向自己道歉的話，那你就先向他道歉。和改變他人的心情相比，改變自己的心態和行為要來得簡單許多。只要這麼做，對方也會有所改變。不要意氣用事，先主動改變自己的行為，我相信過去讓你耗費苦心的人際關係肯定會有所改善。

認為自己是幸運的

我是個「晴男」，在我的印象中，我去打高爾夫球從來沒碰過下雨天。例如原本高爾夫球場正在傾盆大雨，我一抵達後，突然就放晴了，或是在打完第十八洞以後才開始下雨，所以常常有人說我是晴男。因此，我也就相信自己是個晴男。

當我把這件事情告訴某位大學教授時，他告訴我，每個人碰到晴天和雨天的機率都是一樣的，如果你覺得自己是晴男或晴女的話，只是你自己不記得雨天的事而已。以科學的觀點來看或許是如此，但我現在記得的日子都只有晴天而已，那肯定是我運氣很好吧。

人們常說要是相信自己運氣很好的話就真的會碰上好事。我總是認為世界上沒有人比我更幸運了，我擁有一份充滿挑戰性的工作、很棒的朋友和家人，沒有重大疾病，可以健健康康地享受工作和運動的樂趣，越想越覺得自己是個幸運的人。

其實我從某個時候開始就決定要相信「自己很幸運」，大概是在我還是大學生的時候吧。我自小就飽受兒童氣喘折磨，家庭也算不上富裕，有時候我甚至會思考自己為什麼這麼倒楣。但自從我幸運地考上理想大學後，恰巧發生了幾件好事，我就開始想，會不會是好運降臨到我身上了。我因此變得更有自信，思考方式也跟著改變了。或許運氣的好壞不是與生俱來，也不是巧合，而是自己吸引過來的。

從那時候開始，我就堅信只要我覺得自己很幸運的話，我就真的會變得很幸運，我開始有意識地這麼想，直到現在也一樣。

再怎麼微不足道的事都可以，無論是彩券刮中了三千元，或是趕時間的時候剛好搭上快車，我都會心懷感激，覺得自己非常幸運，然後告訴自己今天將是幸運的一天。

奇妙的是，即使發生同樣一件事，每個人也會有不同的解讀。當杯子裡裝著半杯水的時候，覺得自己很幸運的人會為那半杯的水感到高興，覺得自己很倒楣的人會想「怎麼只有半杯？」這種想法上的差異會在後續的行為和事情發展上呈現出極大的差別。

有些人在電梯裡被問道「最近過得怎麼樣？」的時候，經常會給出「遭透了」這種負面回答，神祕的是這些人真的就會度過糟糕的一天。即便發生很多不順心的事，我總是會回答「好極了」。這麼一來，我就會逐漸覺得自己真的過得很好。**換句話說，運氣好或運氣不好取決於你自己怎麼看待**。

請大家從今天開始篤定認為自己是個幸運的人吧，肯定會有好事發生的。

整理物品就像整理內在

我家的書房裡有一張桌子，我會在晚上睡覺之前清空桌面。此外，桌子的抽屜總共有三層，第幾層的抽屜裡放著什麼東西我都記在腦海裡。

因此，我幾乎沒有找不到東西過。我從公司打電話回家要妻子幫我拿右側第二層抽屜裡靠近左邊的東西時，她總是會很驚訝。我只是會把覺得不必要的東西立刻丟掉，再將東西擺放在固定的位置而已，其實我並沒有多做什麼努力。

我一定會天天整理的東西是錢包。有些人的錢包總是因為發票和一整年都用不到的卡片而塞得厚厚的，不僅不美觀，還對錢很失禮。工作日的時候，我使用的是長夾和零錢包，週末則是使用附帶零錢袋的折疊短夾。長夾的厚度絕對不會超過五公釐，卡片只會放一張信用卡和領錢用的兩張金融卡。每天晚上我會扔掉不必要的收據，將必要的紙鈔以頭部朝下的方向（這樣錢才不會溜走）整齊地擺在一起。光是這麼一個小動作，每天就能以清爽的狀態迎接早晨。

像這樣經常整理自己身邊的東西，身心靈也會像是經過新陳代謝一樣變得有條有理。

我覺得習慣整理東西的人通常都善於將自己的想法整理好再表達出來，因為整理東西和整理思緒是有共同點的。比方說，不把使用過的東西留在手邊、立刻歸位的速攻力，迅速替重要事物排定優先順序的選擇力，把用不到的東西立刻丟掉的決策力，以及帶著整體觀點考量平衡的俯瞰力，以上每一項都是在人生和職涯必備的能力。

有一個詞叫做「斷捨離」，意思是斷絕不需要的東西、捨棄現在多餘的廢物、脫離對物品的執著。發揚這個詞彙的整理顧問山下英子在自己的著作裡提到：「斷捨離是一種透過整理物品瞭解自己，整理心中的混沌，讓人生舒適的行動技術。」

在各種事物氾濫的現代社會裡，只將精心挑選的東西留在身邊，在一個井然有序的環境中生活，本身就是一件愉快的事，**尤其是整理物品的行為對一個人整理思緒和內在的滿足感都會產生極大的影響。**

遠離對物品的執著，不要把物品視為思考的主軸，而是以自己為主軸，思考物品是否真的必要或適合自己。經常整理身邊的事物，就能保有餘裕，不被空間或時間誤導，專注在對自己來說真正重要的事情上。

關心自己的儀容，找到最適合的穿著

我對自己的穿著有很強烈的堅持。西裝和襯衫我都是找適合自己體型的特定品牌訂製，襯衫幾乎都是雙疊袖襯衫。西裝外套的袖口都是真扣眼，預留一顆鈕扣不扣。西裝褲的褲管寬度是十七公分，有反折（Double）。

襪子則是亞麻材質的中筒襪，皮帶和鞋子會搭配每天的襯衫顏色更換，手錶也是根據當天的行程和服裝更換。平時會使用洗衣膏讓襯衫乾淨又平整，每天早上我都會在燙衣板上用熨斗仔細熨燙自己的西裝褲。

這些堅持是我在選貨店（Select Shop）擁有長年交情的時尚顧問的指導下，找出來最適合自己的個人喜好模式，說好聽一點是「堅持」，其實也可以說是單純的自我滿足。並不只是要向人展現出時尚感，而是還要看穿著舒不舒適，能不能增加自己的信心等等，**我認為打造個人品牌最重要的是，充分瞭解自己適合什麼，再穿戴到身上**。

首先，比起風格，我更注重包含外觀在內的整潔感。姑且不論品味，整潔感是帶給他人良好印象不可或缺的要素，而保持整潔感的祕訣在於保養維護。如果天天燙衣服、折襯衫、整理衣櫃，你就能馬上注意到髒污或磨損。無論再怎麼高級的襯衫，一旦衣領有些髒污或磨損的話，一切就白費了。

另一個我所注重的是尺寸。在大多數情況下，大家會認為大一個尺寸比較好，太小的話穿起來不舒服，大一號比較讓人放心等等，但其實只要小一個尺寸，俐落感就會截然不同。袖子和褲管稍微短一些就能看起來很俐落，這一點出乎意料地重要。合身的尺寸能讓你的姿態更端正，而姿態也是產生整潔感和俐落感的關鍵因素之一。

而最為重要的儀容重點則是鞋子。不管你的穿著再怎麼邋遢、輕便，只要穿著保養良好的鞋子，就能營造出截然不同的奢華感。反過來說，無論你穿著多麼高貴的西裝，要是穿著沒有好好保養而鞋底磨損的鞋子的話，那一切就白費了。

這一點無論在國內外都一樣，高級主管的鞋子無一例外都是亮晶晶的。我自己輪流替換的鞋子大約有十雙，每天穿同一雙鞋子的話，耗損會很快，好幾雙鞋子交替穿才能更持久。只要在鞋裡放進鞋撐，不僅不會變形，還能穿得更久。此外，我兩到三個月會更換一次鞋底，讓鞋底維持在沒有磨損的狀態。這也是讓鞋子更持久的訣竅。

再來是平時的保養。或許有一些幸福的人是由妻子幫忙擦鞋子的，但鞋子應該是自己邊擦邊享受過程的東西。首先，先用清潔劑去除髒污，再擦上皮革保養霜，然後再塗上適合鞋子顏色的鞋油，仔細地刷一刷，再用布擦掉多餘的鞋油。最後塗上亮光漆拋光，刷出光澤感。你可能會覺得很麻煩，但習慣以後只要一到兩分鐘就能搞定。

每個週末我都會跟穿過的鞋子們說聲辛苦了，並一雙一雙地仔細擦亮。與此同時，這也是我勉勵自己下週也要努力加油的時間。多虧如此，我的每雙鞋子都穿了超過五年，全部都維持在良好的狀態，彷彿像是上個禮拜剛買的一樣。

畢竟鞋子是長久使用的東西，和西裝或襯衫相比，它的品質和外觀會直接反映在價格上，所以我認為應該購買價格稍微偏高的鞋子。

從別人的角度來看，這些儀容的規則或許一點都不重要，但對我來說卻是非常重要的常規之一。

順帶一提，時尚穿搭和體型或金錢都沒有太大的關係，**你必須要先關心自己的儀容，最後就會找到最適合自己的穿著**。擁有這樣的堅持不僅能改善他人對自己的印象，也是打造自己的風格和個人品牌的重要元素。

- [x] 付出十倍的努力，獲得兩倍的成果
- [x] 不為雞口，欲為牛後
- [x] 每天超越昨天的自我一點
- [x] 人人皆顧客
- [x] 不如再多走一步
- [x] 用真心讓人出乎意料
- [x] 不放棄就沒有失敗
- [x] 不做個隨便的人
- [x] 在會議上不發言的人沒有價值
- [x] 從運動中學習
- [x] 擁有人生導師

CHAPTER 4

抵達理想的堅持

付出十倍的努力，獲得兩倍的成果

我從應屆畢業進入ＩＢＭ後約十七年的時間，一直站在銷售現場的第一線，每天的平均睡眠時間大概只有三小時左右。以前還有人說：「其實有三個中川在三班輪替，才會二十四小時都醒著吧。」

在拚命工作的生活中，為了實現人生夢想和目標，我為自己定下了一些規則。在這邊向各位介紹。

老實說，剛進公司的時候，我就意識到自己並沒有什麼足以向他人炫耀的才能或能力。所以我決定自己的精力和體力絕對不能輸給其他人，我唯一有自信的就是體力、耐心和不服輸的個性。

當時我是這麼想的：雖然我不可能做別人

兩倍的工作就達到兩倍的成果，但如果我做了十倍的工作，就算自己再怎麼無能，至少也能得到兩倍的成果吧。自從我如此下定決心後，忙碌就變成一件愉快的事情，我也不再討厭做的事比別人多，或是認為多做多受罪。

而最根本的原因是我強烈渴望實現「在四十五歲當上董事」的夢想，因此，我認為這一點努力都是理所當然的。

最近常常聽見年輕人抱怨「為什麼某個人做的事比自己還少，卻領著一樣的薪水？」、「為什麼只有自己的工作量特別大？」等等。我覺得這種想法太糟蹋自己了，越是優秀的人，工作才會聚集到自己身上。為什麼大家要認為比別人做的多是一種損失呢？為什麼不覺得自己是受人依賴、獲得了成長的機會、還得到了別人夢寐以求的機會呢？

當然，我並不是在建議大家要像我一樣工作到半夜兩、三點，相較之下更重要的可能是提高生產率並提前完成工作。

不過，如果你想要實現遠大的夢想的話，我希望你能擁有比別人更能吃苦的決心和謙虛的態度。

成功靠的不只是能力、運氣和機會，還需要非凡的努力。即使你認為已經足夠了，還是可以透過更進一步的努力，來印證「我值得成功」的信念和信心。

在人類的生命裡，有三〇%以上的時間都花費在工作上，如果不能好好享受這段時間不是很愚蠢嗎？我認為工作本身是活著的價值，也是一種喜悅。

最近社會經常提到一個詞「工作生活平衡」（Work-Life Balance），但我認為在思考工作生活平衡之前，應該趁著年輕時全心專注投入工作。

不為雞口，欲為牛後

有句諺語說：「寧為雞口，不為牛後。」意思是說，寧可在小群體中作主，也不願在大群體裡任人使喚。確實有幾分道理。

只不過，這句話的前提是這個人在群體裡永遠都在最底層。如果是一流企業的底層和二流企業的頂端，大家會選擇哪一個呢？我肯定會選擇前者。

因為人是會成長的。有一句諺語是：「近朱者赤，近墨者黑。」**總是和頂尖的人們切磋琢磨的話，你自己也會有所成長**。人類是很容易受環境影響的脆弱生物，如果你想追求人生的可能性，時常在優秀的群體裡受挫，即便一開始只是牛後（底層），最後也會成為雞口（頂端），希望大家抱有這樣的決心和氣魄。

我的人生就是這樣反覆的過程。升上大學的時候，和那些在附屬中學接受高等教育的學生或來自各地的秀才相比，低空飛過考上學校的我在剛入學的時候感到相當自卑。不過，我在累積了許多經驗後迎頭趕上了。

剛進IBM工作的時候也是一樣，來自頂尖國立大學、研究所或國外大學畢業的菁英多如繁星，像我這種來自私立大學的人簡直是一吹就倒的存在，這也是為什麼我決定要比其他人努力十倍工作，就是為了脫穎而出。就結果來看，我比同時期的人更早獲得了極大的機會。

這個道理不僅限於你所屬的群體。無論是餐廳、劇院、派對，只要是去一個不熟悉的環境都令人容易感到困惑。看見那些舉止優雅的紳士或淑女，你會覺得這是一個自己格格不入的世界。但如果你所期望的事物就在眼前，就算是逞強，你也應該試著踏入那個世界。即便有些逞強，但盡早去累積這些經驗，就會不知不覺中成為自己的歷練。

最近很多人在做抉擇的時候，會傾向選擇輕鬆容易的選項。選擇自己所處的環境是非常重要的事。當你站在人生的十字路口時，**不要選擇輕鬆的那條路，走向更**

嚴峻的環境才能讓自己有所成長。

不為雞口，欲為牛後。更重要的是，做好在群體裡當上雞口的心理準備，挑戰自己更高的潛力。

每天超越
昨天的自我一點

最近日本越來越多公司講究實力主義，而不再是年功序列（日本的企業文化，以年資來決定薪資與輩分）。

我一直以來都在外商工作，實力主義的職場已經是司空見慣的事。雖說是實力主義，但擁有實力的人是否能夠成功仍取決於當時的環境、運氣以及周圍人的支持等各種因素，實力並不是成功的唯一條件。

有些人會抱怨自己能力更好，待遇卻不公平。但老是拿自己和同時期的同事或競爭對手比較而患得患失的，實在不是一個好主意。別人家的草皮看起來總是比較綠，而周圍的評價也會隨著時代而變化。

即使你在意他人，自己的實力也不會有所

改變，在實力主義的環境中，你唯一能做的事就是提高自己的實力。**標準既不是同時期的同事，也不是競爭對手，而是自己。你應該專注於今天的自己是否有比昨天的自己稍微成長了一些。**

遺憾的是努力和結果並不會成正比，你也會碰上不管怎麼努力都無法改善結果的時期。一旦在這個階段放棄成長的話，不僅得不到成果，過去付出的心血也會付諸流水。

然而，即便暫時都是平行線，只要你持續努力，某一天你就會向上樓梯一樣步步向上。包含工作、運動、嗜好……同樣的道理在所有事情上都通用。總有一天，努力一定會有所回報。最大的敵人永遠是昨天的自己，每天稍微超越自我一點就是邁向成功的一步。

人人皆顧客

人們常說「顧客是神」，那麼顧客以外的人呢？

有些人面對客戶的委託會立刻應對，面對公司內部的人卻常常拖延。但工作絕對不是一個人就能獨自完成的事，在所有員工和夥伴的協助下，自己的工作才能完成。一旦認為「協助我本來就是他們的工作，他們來幫我也是理所當然的」的瞬間，這個人就再也無法得到公司內部的協助了。

在接觸其他人時，我會試著把自己以外的人都當作是顧客。

這麼一來，你在拜託對方時會更加客氣，即便對方的成果不符合你的期望，你也不會因此動怒。相反的，成果如果超乎你的預期，你還會感到十分感激。

儘管是理所當然的事，但對方受到這樣的對待後，即便做同樣的工作，心情也會很愉悅，也會更願意協助他人。這不僅適用於周圍的員工，也適用於上司與下屬的關係。

一旦上司認為下屬為自己工作是理所當然的事情時，人們就不會追隨這個人。職等越高，越不能認為周圍的協助是理所當然的。這樣一來，理想上所有人都能舒適地工作。

大家或許會認為這種想法只適用於職場，但在面對自己的家人或親密的好友時也是一樣的。結婚的人或許會覺得妻子每天做飯、洗衣服是理所當然的事，如果是其他人或客人為你做這些事，你會怎麼想呢？你應該會覺得很感恩吧？請你在面對妻子時也抱持著這樣的心態，你對於妻子的態度肯定也會有所轉變。

除了自己以外的人都是顧客。用這種心態接觸他人，我想最後大家都會為你帶來幸福。

不如再多走一步

每個人都是全力以赴地在工作。

我經常要求自己的是超越全力以赴。松下電器公司（Panasonic）的創始人松下幸之助在公司面臨赤字經營危機時，向旗下銷售公司及代理商的經理說：「你們說自己很辛苦，但你們有辛苦到排出血尿嗎？」他或許是在告誡他們，真正的辛苦指的是這種情況。

我有時候會問員工：「如果你在明天之前簽不到這份合約的話，你所重視的人就會死掉，那你還有辦法平靜地坐在這裡嗎？」因為我自己有一個女兒，所以年輕時，我常常用這樣的話自問自答來激勵自己。

如果真的陷入這種情況，我想每個人都會一改原本的態度，變得非常認真，甚至不惜走訪客戶的總經理家。我並不是要你真的這麼做，這只是一個比喻。重要的是，你必須要這麼認真，去嘗試所有你想得到的手段。

人們常說，訓練時，再一步的努力將會影響到將來的大幅成長。假設我們決定每天做五十次伏地挺身。差不多做到三十次就已經是極限了，好不容易做到五十次時，就此結束的人，和既然都做五十次了，不如多做一次做到五十一次的人，兩者之間會有極大的差距。

再一步的努力會造成未來的巨大差異並呈現在結果上。人們在說自己已經到極限的時候，通常都還不是真正的極限。

只需一步，能不能採取超出極限的行為，能不能思考到更遠的一步，將會產生極大的差別。

有了這種想法後，那些總是能延展自己的人的成就會有很大的變化。就像火災現場一樣，碰到像是火災這樣的緊急情況時，人們會發揮超乎平時的力量，事實上也是如此。人類的潛力是無窮無盡的。

在許多情況下，人們總是擅自決定自己的可能性，說這個不可能，說那個做不

到。因此，只要跳脫這個框架，任何人都能發揮出驚人的才能和力量。即使不是火災這種極端情況，只要你在日常生活的每一個行為中都抱有超越思想極限的意識去對待所有事情，結果肯定會有極大的變化。

只要一步，再邁出一步，超越自己的極限吧。

用真心讓人出乎意料

有一個詞叫做「期望管理」（Expectation Management），指的是控制對方的期望值。即使是相同的行為，結果是否超出對方的期望，在印象上會有相當大的差異。

同樣是簽到一億日元的合約，原本公司期許的是五千萬日元還是五億日元會讓你的評價極為不同。同樣是送一份一萬日元的禮物，期待收到五千日元禮物的女朋友和期待收到十萬日元禮物的女朋友，感謝的程度也會不同。

實際上，重要的不是絕對性的價值，而是經常超越對方期望值的行動。在某些情況下，我們能事先控制期望值（降低期望值）。驚喜禮物就是一個很好的例子。

雖然聽起來有點像是在耍小聰明，但重要

的是，當你開始做任何事情時，你必須先從準確掌握對方的期望值開始著手。如果不這麼做的話，你就無法超越對方的期望。

不只是超乎期望，最好還有出乎意料的效果。

畢竟滿足期望只存在著期望程度的差異，說到底只是個延伸出去的假設問題。

然而，出乎意料的行為是在料想之外的，你必須是反將對方一軍或是比對方想得更遠，這樣對方的感激和感動也會因此而生。我並不是要大家單純做一些驚喜的事，不過我覺得最近很多年輕人都不會在指示或要求上多下工夫。

具體來說，要怎麼去下工夫呢？這也是個非常基本的事情，**那就是真心、誠意、想取悅對方的心情**。如果你總是誠摯地與對方接觸的話，自然而然會湧現一些想法和主意，進而衍生強烈的羈絆。

不放棄
就沒有失敗

說到「永不放棄」，大家或許會聯想到「毅力」或「幹勁」，甚至會覺得有些過時。但不只是運動而已，我們在日常生活或工作上也常常碰到覺得自己撐不下去而想要放棄的情況。如果馬上就放棄的話，會形成壞習慣，最終你的人生將會變成一碰到困難就想逃避的無趣人生。

從本質來講，你怎麼看待事情，會產生截然不同的結果。比方說，有個年輕人夢想成為世界拳擊冠軍。當他挑戰世界級別卻敗得一塌糊塗時，如果他產生了「我根本不是對方的對手，不可能贏」的念頭，他的夢想會就此消失，可能性也會蕩然無存。相反地，如果他可以很積極正向地認為「我得到一個寶貴的經驗，我又更接近世界一步了」的話，這場比賽會對他的夢想產生正面的影響，讓他更有動力去練習，或許將來真的成為世界冠軍實現夢想也說不定。

即使工作上碰到競爭對手搶先簽到了合約，我也會繼續進攻直到最後一刻。或許競爭對手會在某個階段搞砸，或許客戶會臨時變更條件。在最壞的情況下，客戶三年後更換系統的時候，也許我就能贏下來了。

直到成功以前，只要不放棄就沒有失敗。你可以把它當作是一件有趣的事，如果你認真對待，緊咬不放，你可能會突然看見光明或是碰到不同的機會降臨。

當我在觀察最近的年輕人時，時常會看見他們早早選擇放棄的場面，說好聽一點是很乾脆，或許也有人認為這麼做既明智又帥氣。

但我覺得有必要先問問自己，這是明智的放棄嗎？還是只是單純的逃避呢？如果你有一絲想要逃避或找藉口的心情的話，那你就不會成長。無論周遭的人怎麼說都堅持到底，深信不管過程再怎麼狼狽，最後笑出來的人都會是自己，機會之神就會降臨。

最重要的事實是，只要不放棄，「失敗」這兩個字將永遠不存在。

即便受挫了一次，只要堅持到底，人生到處都有敗部復活賽的機會。只要最後贏得勝利，那個人就是人生的贏家。

不做個隨便的人

大家被說是「隨便的人」會有什麼感覺呢？任何人被這麼說，心裡都會不太舒服吧，但人類本來就是會偷懶的生物。本來「隨便」（いい加減）還會用在表示中間程度的正面意思，形容適可而止的行為，但現在大多是用來形容半途而廢而且不負責任的生活態度。

因為某個經驗，我對「隨便」這個詞抱有一種特殊的情感，所以我總是叮嚀自己絕對不能被說是個「隨便的人」。

以前有個系統工程師跟我負責同一個客戶。當時客戶他們正在建置中的大型專案系統，因為產品的品質問題，每天都會出狀況，我和他為了解決客戶的問題，幾乎是沒日沒夜地在研究原因。

而我們兩個人每天都要向客戶的負責人回報。有一天，我們像往常一樣，去向負責人說明前一天的分析結果：「原因尚不清楚。」當時，聽了身心俱疲的系統工程師的說明後，負責人是這麼說的：「不要跟我報告這麼隨便的內容！」公司內部碰到問題時，這個負責人都是在最前線承受責罵的人，我可以理解他這樣的發言。但我也沒有顧及自己業務的身分，當場就飆罵對方。當我回過神來時，我已經朝著對方怒吼：「收回你剛才的話，向系統工程師道歉！」真的是年輕氣盛。我們願意為了沒有解決問題而道歉，因為這是我們的責任，但那名系統工程師在工作上絕對不是「隨便」的人，我這個和他一起共事的業務是最清楚的。

「隨便」指的不是結果，而是一個人的態度，是心情和用心程度的問題。雖然對方是基於客戶以及負責人的立場說出那句話的，但我就是無法原諒那種發言。並不是針對對方，而是我沒有辦法接受為了客戶誠摯工作的系統工程師要遭受這種責罵。如果在平時的情況下，我可能會被罵「區區一個業務，說什麼失禮的話」，甚至被拒絕往來都是情有可原的。但當時的負責人更勝一籌，當場他就表示「你說的沒錯，是我用詞不當」，並向我們道歉。

這件事並不是什麼佳話，只是單純的失敗案例。但從那時候起，我就發誓「工作絕對不能隨便」。

我發誓即便得不出結果，都要盡力做好自己的所有工作，任何人在任何時候的任何批評，我都能抬頭挺胸面對。否則，對客戶那樣像連珠炮般地斥責就沒有意義了。

不知道是不是誠意奏效，問題在那之後就解決了，而那名系統工程師從那時候起就開始認真為我工作。而當時客戶的負責人雖然現在已經退休了，但我們之間仍有往來。直到現在我們偶爾相約去喝酒的時候，他還會揶揄我：「你當時的表情超恐怖的。」

在會議上不發言的人沒有價值

世界很寬廣，但最不擅長英文的人大概就是日本人了吧。

我是在三十八歲的時候調職到紐約工作的。雖然我有自學英文一段時間，也達到了多益的標準，但實際上我幾乎是在跟不上對話的程度下調職過去的。

職場上有美國人、加拿大人、澳洲人、法國人，亞洲圈則是有中國人、印度人、韓國人，還有我一個日本人，我每天都在很國際化的環境中工作。

我在這個環境裡感受到的是，在會議上不發言的人「沒有價值」。無論你的腦海裡有多麼棒的點子，只要不說出口就沒有意義。日本人除了有「沉默是一種美德」的觀念之外，還有種不明說的默契和事前協商的文化，所以沒有習慣在會議現場進行激烈的辯論。

相較之下，同樣是亞洲人的中國人和印度人就積極得令人驚訝。他們的英文也不是特別流利，再加上他們說話的內容仔細一聽都不是什麼大不了的事。如果是日本人的話，可能會因為太羞恥而說不出口，但他們卻能夠很坦蕩地說出來。比起完全不出聲的日本人，他們獲得的評價會更高。

另一個問題是，如果對話持續進行，一直在思考或選擇措辭的話，話題就會繼續往下走，而你就會錯失發言的機會。外國人參與對話的節奏快到甚至會打斷對方的話，像日本人這種等對方講完話才開口的人就會完全無法參與對話。

當時我採取的方法是，提早充分思考過內容後，在會議上當第一個發言的人。

如果是工作上的事，可以提前假設出大致的內容。事先將自己想說的話整理出來，反覆練習口說，流利到像是默背起來的程度。如此一來，即便話題稍微偏離了，我也能毫無顧忌地說出來。這一點我就做得很徹底。

因為內容是我充分思考過的，所以參與的成員也都會很認真地傾聽，並且以這個主題為中心延續話題，所以變成是我在主導這個討論。

由於我提供了很有討論價值的話題，所以我的個人評價也隨之提升，有時候同事也會來詢問我的看法，發表意見的機會就這樣輪到了我身上。

那時，我開始充滿自信地參與討論。關鍵就在於膽量和習慣，雖然日本的英語教育存在著各式各樣的問題，但我覺得並不全然是教學方式的好壞，而是文化差異的問題。

順帶一提，日本的英語會話補習班大多是兩人對話的形式，我認為沒有什麼太大的用處。在國外，兩人對話的時候，對方會尊重你、仔細聆聽你說的話，絕大多數情況下你都能建立起良好的溝通，然後就會誤以為自己可以獨當一面地發言。但多人辯論才是實際溝通的關鍵，我認為更應該訓練的是多人數的辯論口條。

此外，日本人和其他國家的人對於在國外工作這件事所抱持的決心很不一樣。大多數的日本人都不打算一輩子獻身當地，深信自己總有一天還是要回到日本，那是因為日本市場有很大的工作需求。但外國人不一樣，他們在自己的國家已經沒有什麼工作機會了，如果不能取得長久的工作的話，他們就會面臨失業危機，他們都是抱持著這種壯烈感和嚴肅的態度面對工作的。我覺得日本人也必須學會這種嚴肅的態度。

要成為國際人才，溝通技巧當然是不可或缺的，**但未來的國際人才需要的另一個特長是要能夠接納各種價值觀的靈活思維。**現在我所任職的思科系統作為一家全球化的跨國企業，長期以來一直致力於推動「多樣性」（diversity），公司接納各種性別、國籍、年齡、宗教等多元化的價值觀。現在全世界都通過網路建立起網絡，無論身在何處都能獲得相同的資訊，過去有些營運模式是只有大企業才做得到的，但現在的中小企業只要有一些不錯的點子就能夠做到。世界是平的，日本人和美國人之間已經沒有區別。

我們生活在這樣的世界中，**向國際人才追求的不再只是溝通技巧，還有靈活的觀點，能跨越文化和習俗的差異，接納多元化的價值觀，學習並加以運用。**

從運動中學習

我現在要跳脫工作，來聊聊運動。從年輕的時候開始，馬拉松一直是我的愛好。以前我就相當擅長跑步，而我也喜歡像工作一樣靠耐力決勝負的運動。五十歲過後，我現在挑戰的運動是鐵人三項。

令人驚訝的是，喜歡馬拉松和鐵人三項的企業家多到超乎我的想像。雖然一部分的原因可能是為了保持健康，但我認為這些運動需要的堅忍與毅力或許很符合事業有成的企業者的心態。

接下來我要列舉出六個馬拉松和鐵人三項的魅力。

①**努力會直接呈現在結果上**。比方說，雖然我不擅長卻持續很久的高爾夫球，有時候不管我怎麼練習就是打不好，反而有時候不練習、正式來的成績卻還不錯。就這方面來看，跑步是所有人都做得到的事，直到昨天都要花三十花鐘才跑得完的距離，今天的完成時間不會突然變成一小時或十五分鐘。**馬拉松和鐵人三項是不會讓人白費努力的運動**。

②**正式情況充滿未知數**。或許專業人士不這麼認為，但業餘愛好者沒有接受過專業訓練，在平時的練習中是無法完成全程馬拉松和鐵人三項的距離。況且，鐵人三項還是一場與大自然的比賽。正式比賽的距離都是未知的世界。不過，在正式比賽中跑完全程時，觀眾的支持、夥伴的互相鼓勵、對於過去的練習的自信等等，**這些都能讓自己未知的潛力發揮到淋漓盡致**。

③**敵人不是對手，而是自己**。由於馬拉松和鐵人三項都是會有排名的競技比賽，自然也存在著所謂的競爭對手。然而，對於業餘愛好者來說，跑完全程是一個挑戰，實際上，在累到跑不下去的時候，不斷激勵自己的心情，才是能否戰勝自己的勝負關鍵。

④必須根據比賽的日期**準備有計畫性的肌肉訓練和伸展運動**，過度勞累絕對是沒有用的，這並不是埋頭拚命練習就好的事，如果過度緊繃的話，可能會傷到腳、腰或骨頭而不能跑步。

⑤**跑完全程後壓倒性的成就感**。先不論花費多少時間，在未知的距離中跑完全程的成就感和自信都是沒有人可以改變的。雖然跑步的當下總想著要停止做這麼辛苦的事，但在跑完全程時，卻又讓人下次還想要再跑，就是這種運動。

⑥最後是**社群的存在**。你需要同好來支持自己從事一項運動。我是一支鐵人三項隊伍的第一期成員，現在這個隊伍已經擁有將近一百名成員。最近只要在臉書上號召一下，夥伴們就能馬上聚在一起。工作和年齡都不盡相同的一群人，因為喜愛運動這一點而連結在一起。**你在職場上很難體會到這種不用衡量利益的人際關係，還可以結識許多優秀的夥伴。**

大家覺得如何呢？努力不會白費、發揮自己未知的潛力、敵人就是自己、計畫性、成就感、夥伴，這些元素是不是都適用於工作上呢？因此馬拉松和鐵人三項會有這麼多企業家同好也可以理解。

跑步和游泳的好處在於你活動的不只是身體，還能恢復大腦的活力。大家在跑步的時候通常都不會想事情，這在醫學上也獲得了證實，當你專注在思考眼前跑步的事情時，有助於讓充滿過去和未來煩惱的大腦好好休養。

如果你現在還沒有從事任何運動的話，我強烈推薦你從馬拉松或鐵人三項開始入門。你可以想開始就開始，就算參加不了全程馬拉松，在半程馬拉松中也能學習到很多事。

擁有人生導師

大家有尊敬的前輩嗎？有沒有你尊稱為人生導師的人呢？為了成長，人們會鍛煉自己、和競爭對手切磋琢磨、在課堂上研究學習，這些固然重要，但在我們的人生中，**有個近在身邊可以視為目標的前輩，或是碰到瓶頸時可以商量的對象是非常重要的。**

我身邊就有許多前輩，他們會友善地傾聽我說的話，當我猶豫不決時還會推我一把，是非常值得信賴又能夠商量煩惱的存在。不只是職場上的前輩而已，還有長年往來的客戶和多年以來指點我的算命師。

導師（Mentor）指的是工作或人生上的指導者或顧問，最近越來越多企業引進導師制度，提供年輕員工心理層面的協助。有一項數據指出，在一間企業裡，年輕員工及時獲得過來人的智慧，成長速度遠比自己一一經歷要來得快上好幾倍。

我最近接手導師工作的機會也越來越多了，但我還是沒把握自己做得好不好。現在之所以會建立這樣的制度，我認為是因為年齡差距拉大，每天可以互相商量的前輩晚輩關係也變得薄弱，年輕人更傾向於自己一個人煩惱。

我年輕的時候，前輩晚輩和上司下屬的關係比現在更明確。每年有新員工加入時，即便沒有什麼導師制度，大家也會很雞婆地去照顧新人，我也是這樣被照顧過來的。其中，有好幾個人被我尊為工作上或人生上的導師。

因為想成為像對方一樣出色的人，偷偷模仿對方的工作模式或行為，得到一些建議，偶爾也會挨罵，我覺得我的個人風格就是這樣營造出來的。

其中，有好幾位前輩或企業家現在在業界依然很活躍，但我有一個怎麼樣也忘不了的人。那就是在我二十五歲到三十五歲這十年間，教會我業務基礎的N處長。N先生是個很可怕的人，光是聽見他罵其他同事的聲音，我就背脊發寒。報告的撰寫方式、提案企劃書的一字一句、拜訪客戶的安排、排除問題的速度，不管做什麼事都會被罵。而且，他是認真地動怒，把熬夜製作的資料撕破、罵人罵了整整一個小時，這些都是家常便飯，我也接受過他的鐵拳制裁。

如果事情放到現在，他肯定會被指責是濫權的上司。雖然讓人很不甘心，但他在修改資料和提點我們和客戶的應對時，總越聽越有道理，所以我也無從反駁，倒是每次都被迫學了一堆東西。

在他生氣過後，他一定會約對方去喝酒，但他也不會鼓勵對方或安慰對方，只是會一直講他對工作的看法。

我為了更接近N先生，模仿他用黑色的公事包、萬寶龍的鋼筆、登喜路的打火機等等。**雖然我很討厭他，但他對我來說，卻是像憧憬一樣的存在。**

N先生總是徹底地站在客戶的立場，從來沒有妥協的餘地。只要我們給客戶添麻煩，無論對方是公司的董事或總經理，他都照罵不誤，完全不考慮自己的立場。因此，他在公司裡也樹立了不少敵人。即便如此，客戶對他十分信賴，團隊的表現始終處於最佳狀態，我想應該是當時ＩＢＭ裡最為嚴苛，同時成績最好的銷售部門。不過，團隊裡沒有一個人退出，幾乎是相同的成員共事十年，每個人都有大幅的成長。令人驚訝的是，團隊裡和我年紀相仿的業務總共有七個，包含我在內，有五個人現在都當上了公司的董事。

事實上，在離開那個團隊以後，突然覺得其他工作都輕鬆得不得了。我想這並不是因為剛好優秀的人才都聚集到了我們團隊，而是Ｎ先生獨特的領導能力產生的成果吧。

我在Ｎ先生身上徹底學到的事情就是對工作的責任感，絕對不能逃避，完成以前絕對不能放棄。一旦我稍微妥協了，就會有鐵拳飛過來，所以我養成了在報告之前深思熟慮的習慣。

另一個則是信任感。直到最後一刻為止，他都是個保護下屬的人。當我因為系統問題而被客戶責罵時，是他跳出來袒護我，認真反駁客戶。當我在公司內部引發問題時，他也曾挺身而出保護我。所以不管再怎麼辛苦，我都願意替這個人做事。

在我升上業務處長，離開N先生團隊後的某一天，N先生突然病倒了，原因是癌症。幸好他在手術成功後回歸工作崗位，但他的精力不如以往，只好退出銷售的第一線。在那之後，我就去了紐約工作。回國後便升上部門經理、協理，工作越來越忙，在我升上夢寐以求的董事時，收到了來自N先生的祝賀花束，我也久違地去向他道謝。就職稱方面來看，我的職位已經超越了當時的N先生，但他貫徹始終的責任感和強大的團隊組織能力，我仍遠遠不及他。不管活到幾歲，對我來說，他都是「無法超越的存在」，這一點不會有所改變。

那一夜，我們兩人一起喝酒，我一輩子都不會忘記他當時說的話。

「你早就超越我了啦。」

這句話可能是我生命中最令我高興的一句話。當時的我們或許是唯一一次超越了下屬和上司的距離，他是以人生前輩的身分和我聊天。

不久之後，N先生癌症復發並住院治療。我去探病了好幾次，他卻日漸消瘦。而那一天，他與世長辭，享年五十六歲，和現在的我是一樣的年紀，他過世得實在是太早了。

當我收到這悲傷的消息時，淚水完全停不下來，也顧及不了家人的視線，哭了整整一個小時，當時的我想著：「我還沒有超越過你，一輩子也超越不了你。」N先生作為一名商業人士並不算是功成名就的人，但他絕對是帶給我們壓倒性影響力的人，也是我的人生導師。他是個嚴以律己也嚴以律人的人，另一方面又是一個情感豐沛又溫暖的人。我所追求的領導者的最終形象或許就在他身上。

當我思考自己有沒有辦法像N先生對我們一樣，用愛來對待自己的下屬時，我發現自己還沒到達他那樣的境界，但我期許自己總有一天能超越他。

人們或許是先有了像目標一樣的存在，才能朝向理想的自己去努力。

結語與致謝

非常感謝各位讀到最後。

在撰寫這本書的時候，讓我重新思考的一件事情是：「我是為了什麼在追求夢想？」

當然是因為我想得到幸福，不過幸福本身很難定義，即使你實現了夢想，如果不進行下一個挑戰的話，曾經得到的幸福也無法持久。當我這麼想的時候，我開始覺得挑戰本身就是一件幸福的事。

夢想成真的醍醐味不在於實現夢想所達成的結果，而是與夥伴們並肩作戰、共同努力的時候，這個過程是最讓人感到充實而幸福的時刻吧。

所謂的夢想是「你想變成什麼樣的人」，但我覺得其實「想成為什麼樣的自己」的信念在本質上要來得更加重要。

所以，我們不要先急著追求結果，而是要先擁有信念，然後感謝當下，我認為感謝能夠讓你接受挑戰的環境是很重要的。

我在一本書中讀過，人們一生的情緒加起來是正負零的。

如果是這樣的話，比起沒有巨大的失敗或喜悅，風平浪靜的人生，我更想過一個雖然有巨大的失敗，但也有巨大成功的人生。

不要害怕失敗。

因為那些成功的人從來不把失敗視為失敗，他們總是為了成功不斷向前衝，努力本身就是一件令人愉快的事。即便碰上了一些失敗，只要最後的結果是成功的，那過去的失敗都可以說是成功的墊腳石。

如果有時光機的話，你會想要回到人生中的哪一個時間點重新來過呢？我會選擇現在的生活。

到目前為止，我的人生中已經嘗過好幾次的失敗，但那些經歷都成為了我的經驗和學習，如果能夠成就現在的我的話，那麼過去沒有一件事情是白費的。我雖然只是個平凡的人，但我珍惜每一天，全力以赴地活到現在，所以我沒有任何遺憾。我想這是因為我在年輕的時候就擁有了夢想和目標，並為此活到了現在。

日本經濟目前正在向上發展，日本將變成一個前所未有的開放社會，每個人都能遇見讓夢想成真的巨大機會，而能夠抓住機會的人只有你自己。在描繪這樣一個夢想的同時，今後我也要繼續追逐夢想，不會輸給各位的。

在撰寫本書的過程中，我受到了許多人的幫助。

這是我第一次撰寫書籍，KANKI出版社的谷內志保小姐非常有耐心，每次見面都會給予我簡單而明確的建議和大力支持，感謝您。

也多虧了SORACOM董事總經理玉川憲先生，是他將谷內小姐介紹給我認識的，如果不是他在聽了我的故事後，說了一句：「你要不要把這個內容寫成書呀？」這本書就不會問世了。他是我在IBM時的晚輩，現在則是業界裡的新秀。

我也透過研討會與私人關係向 Active Brain 協會會長小田全宏老師學習到許多我目前正在實踐的習慣。如果大家都能被老師施展發揮潛力的魔法的話，人人都可以成功吧。作為一名學員，我總是受到啟發，感謝您。

以一本《百圓可樂如何賣千圓》（100 円のコーラを 1000 円で売る方法）躍升成暢銷作家的永井孝尚先生。我們在ＩＢＭ時期一起發展了軟體事業，你總是能看透本質的洞察力深深地影響了我對於工作的思考模式，謝謝你。

思科系統公司的全體員工，謝謝大家在百忙之中認真聽我講述自己的往事，如果沒有大家那些「還想再多聽一點」的客套話，或許我就沒有勇氣寫這本書了，謝謝你們。

最後，我要發自內心感謝我的妻子和女兒，謝謝妳們總是溫柔地守護著自由奔放的我，還給了我活下去的勇氣。此外，我從小老是讓母親擔心，但她卻一直很相信我，巧合的是她在我轉職的第一天突然過世。我想懷抱著感恩的心，將這本書獻給在天國的她。

最後，我要再提醒各位，你們是沒有極限的！只要不放棄，就沒有失敗！我打從心底為各位祈禱，希望大家都能在自己的人生中獲得成功。

作者　中川一朗

HEART
心|視野　心視野系列 052

用一張紙，設計你的未來

一枚の紙で夢はかなう

作　　者　中川一朗
譯　　者　林以庭
總 編 輯　何玉美
責任編輯　陳如翎
封面設計　張天薪
內頁排版　theBAND・變設計— Ada

出版發行　采實文化事業股份有限公司
行銷企劃　陳佩宜・馮羿勳・黃于庭・蔡雨庭
業務發行　張世明・林踏欣・林坤蓉・王貞玉
國際版權　王俐雯・林冠妤
印務採購　曾玉霞
會計行政　王雅蕙・李韶婉
法律顧問　第一國際法律事務所　余淑杏律師
電子信箱　acme@acmebook.com.tw
采實官網　www.acmebook.com.tw
采實臉書　www.facebook.com/acmebook01

I S B N　978-986-507-026-7
定　　價　320 元
初版一刷　2019 年 8 月
劃撥帳號　50148859
劃撥戶名　采實文化事業股份有限公司
104 台北市中山區南京東路二段 95 號 9 樓
電話：(02)2511-9798　傳真：(02)2571-3298

國家圖書館出版品預行編目資料

用一張紙，設計你的未來 / 中川一朗作 ; 林以庭譯 . -- 初版 . -- 臺北市 : 采實文化 , 2019.08　面 ;　公分 . -- (心視野系列 ; 52)

譯自 : 一枚の紙で夢はかなう

ISBN 978-986-507-026-7(平裝)

1. 生涯規劃 2. 自我實現

192.1　108010385

廣	告	回	信
台北郵局登記證			
台北廣字第03720號			
免	貼	郵	票

采實文化 采實文化事業有限公司

104 台北市中山區南京東路二段 95 號 9 樓

采實文化讀者服務部　收

讀者服務專線：02-2511-9798

用一張紙，設計你的未來

運用最簡單的「未來年表」計畫法，逐年實踐人生目標

中川一朗—著　**林以庭**—譯

一枚の紙で夢はかなう

HEART
心|視野

用一張紙，設計你的未來

讀者資料（本資料只供出版社內部建檔及寄送必要書訊使用）：

1. 姓名：
2. 性別：□男　□女
3. 出生年月日：民國　　　年　　　月　　　日（年齡：　　　歲）
4. 教育程度：□大學以上　□大學　□專科　□高中（職）　□國中　□國小以下（含國小）
5. 聯絡地址：
6. 聯絡電話：
7. 電子郵件信箱：
8. 是否願意收到出版物相關資料：□願意　□不願意

購書資訊：

1. 您在哪裡購買本書？□金石堂（含金石堂網路書店）　□誠品　□何嘉仁　□博客來　□墊腳石　□其他：＿＿＿＿＿＿＿＿＿＿＿＿＿＿＿＿（請寫書店名稱）
2. 購買本書日期是？＿＿＿＿年＿＿＿＿月＿＿＿＿日
3. 您從哪裡得到這本書的相關訊息？□報紙廣告　□雜誌　□電視　□廣播　□親朋好友告知　□逛書店看到　□別人送的　□網路上看到
4. 什麼原因讓你購買本書？□對主題感興趣　□被書名吸引才買的　□封面吸引　□內容好，想買回去試試看　□其他：＿＿＿＿＿＿＿＿＿＿＿＿＿＿＿＿（請寫原因）
5. 看過書以後，您覺得本書的內容：□很好　□普通　□差強人意　□應再加強　□不夠充實　□很差　□令人失望
6. 對這本書的整體包裝設計，您覺得：□都很好　□封面吸引人，但內頁編排有待加強　□封面不夠吸引人，內頁編排很棒　□封面和內頁編排都有待加強　□封面和內頁編排都很差

寫下您對本書及出版社的建議：

1. 您最喜歡本書的特點：□主題新鮮　□實用簡單　□包裝設計　□內容充實
2. 您最喜歡本書中的哪一個單元？原因是？

＿＿＿＿＿＿＿＿＿＿＿＿＿＿＿＿＿＿＿＿＿＿＿＿＿＿＿＿＿＿

＿＿＿＿＿＿＿＿＿＿＿＿＿＿＿＿＿＿＿＿＿＿＿＿＿＿＿＿＿＿

3. 關於「生涯規劃、自我實現」相關主題，你還想知道的有哪些？

＿＿＿＿＿＿＿＿＿＿＿＿＿＿＿＿＿＿＿＿＿＿＿＿＿＿＿＿＿＿

＿＿＿＿＿＿＿＿＿＿＿＿＿＿＿＿＿＿＿＿＿＿＿＿＿＿＿＿＿＿

4. 未來，您還希望我們出版哪一方面的書籍？

＿＿＿＿＿＿＿＿＿＿＿＿＿＿＿＿＿＿＿＿＿＿＿＿＿＿＿＿＿＿

＿＿＿＿＿＿＿＿＿＿＿＿＿＿＿＿＿＿＿＿＿＿＿＿＿＿＿＿＿＿